临安洪起畏夫妇合葬墓

杭州市文物考古研究所
临　安　市　文　物　馆　编著

文物出版社

北京·2015

图书在版编目（CIP）数据

临安洪起畏夫妇合葬墓 / 杭州市文物考古研究所，临安市文物馆编著. —北京：文物出版社，2015.12

ISBN 978-7-5010-4466-5

Ⅰ. ①临… Ⅱ. ①杭… ②临… Ⅲ. ①合葬—墓葬（考古）—研究—杭州市—南宋 Ⅳ. ①K878.84

中国版本图书馆CIP数据核字（2015）第285306号

临安洪起畏夫妇合葬墓

编　　著：杭州市文物考古研究所　临安市文物馆

责任编辑：谷艳雪
封面设计：程星涛
责任印制：张道奇

出版发行：文物出版社
社　　址：北京市东直门内北小街2号楼
邮　　编：100007
网　　址：http://www.wenwu.com
邮　　箱：web@wenwu.com
经　　销：新华书店
印　　刷：北京鹏润伟业印刷有限公司
开　　本：889mm×1194mm　1/16
印　　张：8.75
插　　页：2
版　　次：2015年12月第1版
印　　次：2015年12月第1次印刷
书　　号：ISBN 978-7-5010-4466-5
定　　价：170.00元

The Grave of Hong Qiwei and His Wife in Lin'an City

(with an Englishi abstract)

Hangzhou Municipal Institute of Cultural Relics and Archaeology
Museum of Lin'an City

Cultural Relics Press
Beijing · 2015

目　录

插图目录

图版目录

第一章　概　况

第一节　地理位置与环境

临安市位于浙江省西北部、杭州市西部，为杭州市管辖的一个县级市，东面毗邻杭州市余杭区，南部与杭州市桐庐县相连，西部与安徽省宣城市绩溪县交界，北面与湖州市安吉县接壤。其地理坐标为北纬29° 56′ ~30° 23′，东经118° 51′ ~119° 52′。市境东西长约100千米，南北宽约50千米，总面积3126.8平方千米。（图一）

图一　临安市地理位置示意图

临安地处中亚热带季风气候区南缘，属季风型气候，温暖湿润，光照充足，雨量充沛，四季分明。年均降水量1613.9毫米，降水158天，无霜期年平均为237天，受台风、寒潮和冰雹等灾害性天气影响。境内以丘陵山地为主，地势自西北向东南倾斜，地貌形态多样复杂，海拔从9米到1787米。立体气候明显，从海拔不足50米的锦城至高1500米的天目山顶，年平均气温由16℃降至9℃，年温差7℃，相当于横跨亚热带和温带两个气候带。境内矿产资源丰富，有钨、铍、锑、铅、锌、钼、锰、铁、镍、铜、铌（钽）、铁、独居石和金矿等

图二 西坟山墓群宋元墓葬分布地形图

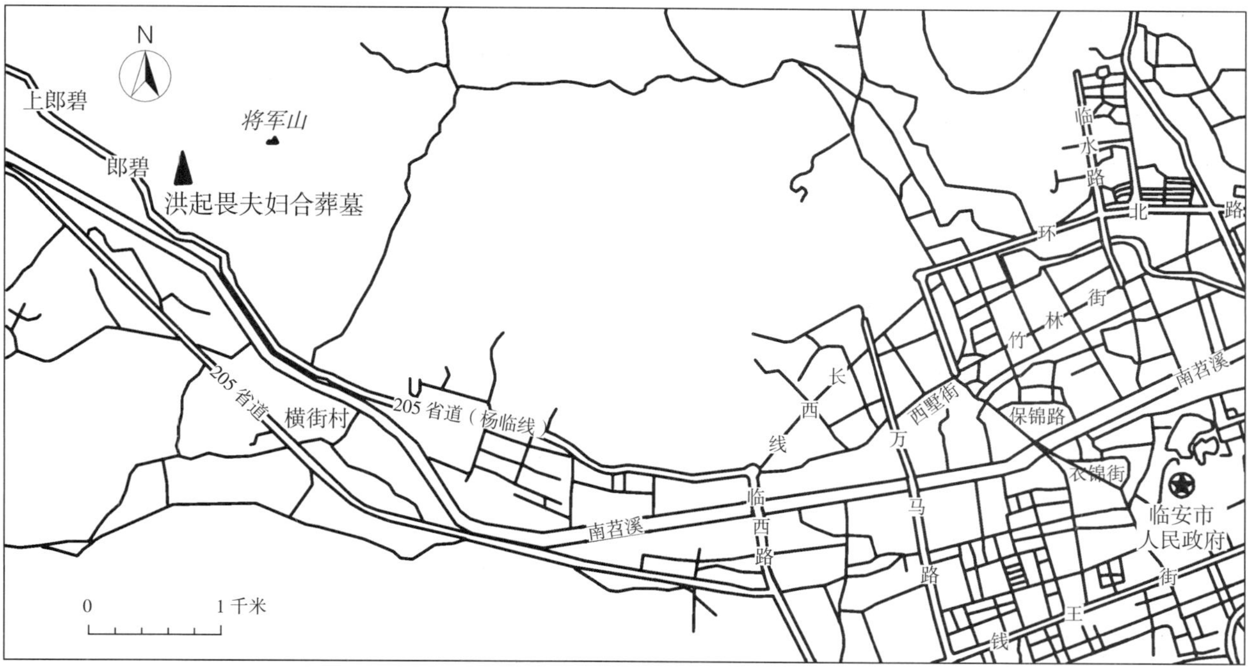

图三　洪起畏夫妇合葬墓地理位置示意图

金属矿和膨润土、萤石、重晶石、鸡血石、白云石、石灰石、磷、花岗岩、方解石、高岭土矿、烟煤、沥青煤和石煤等。交通主要是陆路，通过杭瑞高速（G56）可达长三角各大城市及全国各地，另有省道 102、205、206 等穿境而过。

2013 年 11 月至 2014 年 6 月，杭州市文物考古研究所会同临安市文物馆，在临安市西坟山和将军山，抢救清理六朝、宋代和明清时期的古墓葬 43 座。墓葬因首先发现于西坟山山坡而被命名为临安西坟山墓群。其中宋元时期墓葬 5 座，位于西坟山西坡或将军山南坡。（图二）

将军山为一座高约 200 米的小山脉，位于临安市锦城街道横街村郎碧东约 300 米。西坟山为将军山东南部的一条东北—西南走向的支脉，长约 400 米，宽约 200 米，高约 140 米。西坟山西北侧隔着名叫“马坞”的小山谷与将军山南坡相望，东南侧为干坞。

将军山西南麓有一座高约 30 多米的小山包，原本无名，因常年种植毛竹，当地人称之为“毛竹山”。毛竹山东西走向，长约 400 米，南北宽约 100 米，海拔 79~116 米。M31 即洪起畏夫妇合葬墓位于该山包西南坡近山脚处，行政区划属临安市锦城街道横街村郎碧，东距临安城区约 5 千米，东南距横街村委约 1 千米，南距 205 省道（杨临线）约 300 米，道路南侧紧邻西北—东南流向的南苕溪。（图三）

洪起畏夫妇合葬墓背靠将军山，面向开阔的南苕溪河曲谷地，背山面水，正是古人所谓的风水佳地。墓葬正前方原为一家农业公司的厂房，发掘前已经拆除，东南部开阔地为成片的竹林、稻田和几处水塘。墓葬地理坐标为北纬 30° 15′ 18.29″，东经 119° 38′ 53.51″，海拔 95 米。（图四；图版一：1）

图四 洪起畏夫妇合葬墓地形图

第二节 历史沿革

临安市系原临安、於潜、昌化县合并。临安市历史悠久，在青山湖和锦城街道横街村附近采集到一些磨制石器及陶器残片，表明早在新石器时代晚期就有人类在此繁衍生息。

三县汉以前无建置，地属会稽、鄣郡。

秦王嬴政二十五年（前 222 年），平定楚江南地，降越君，置会稽郡，辖今临安地。今於潜、昌化仍属鄣郡地。

《汉书·地理志》:“丹阳郡，故鄣郡。属江都，武帝元丰二年（前 109 年）更名丹阳，属扬州”，领“县十七”，有“於朁（潜）”。可见於潜至迟在此时已设县。今临安当时属会稽郡余杭县地。

东汉建安十六年（211 年），分余杭置临水县，属吴郡。於潜（含昌化）仍属丹阳郡。

三国时期吴黄武五年（226 年），分丹阳、吴、会稽三郡恶地十县置东安郡；黄武七年（228 年），罢东安郡。於潜（含昌化）和临水曾一度同属东安郡；罢东安郡后仍分属丹阳、吴郡。宝鼎元年（266 年），分吴、丹阳为吴兴郡。临水、於潜（含昌化）同属吴兴郡。临水、於潜（含昌化），自此开始同属一郡。

两晋、宋、齐，郡县如故。晋武帝太康元年（280 年）改临水为临安，仍属吴兴郡。

梁绍泰元年（555 年），（王）僧辩以吴兴为震州；太平元年（556 年），罢震州，还复吴兴郡。於潜先后属震州、吴兴郡。陈祯明元年（587 年），割钱唐县为郡，於潜属钱唐郡。临安县在梁、陈正史中无记载。

隋平陈，废（钱唐）郡，置杭州，仁寿中置总管府；大业三年（607 年），置余杭郡。於潜属余杭郡。临安未见正史记载。

唐武德七年（624 年），置潜州，领於潜、临水（一度复置）二县；八年（625 年），废潜州及临水县，於潜还杭州。垂拱二年（686 年），析於潜，置紫溪县（曾改武隆，复为紫溪）；四年（688 年），析余杭、於潜地，复临水县。万岁通天元年（696 年），又分紫溪，别置武隆。圣历三年（700 年），省武隆，入紫溪。长安四年（704 年），复置（武隆）。神龙元年（705 年），更武隆为唐山。大历三年（768 年），紫溪、唐山二县又并入於潜。长庆元年（821 年），复置唐山。光化三年（900 年），复改临水县为临安县，驻地衣锦城。临安、於潜、昌化属杭州余杭郡。

五代时期后梁开平元年（907 年）三月，升临安衣锦城为安国衣锦军；二年（908 年）正月，改临安县为安国县，改唐山县为吴昌县。后唐同光初（923 年），复改为唐山。后晋天福七年（942 年），改曰横山；后又改为吴昌。临安、於潜、昌化属吴越西府杭州。

北宋太平兴国三年（978 年），复改安国县为临安，改吴昌县为昌化县；四年（979 年），衣锦军改顺化军；五年（980 年）军废。临安、於潜、昌化仍属杭州。

南宋建炎三年（1129 年）升杭州为临安府，始为行在，后定都城。绍兴八年（1138 年），临安、於潜、昌化等七县亦升为畿县。

自宋以后，临安、於潜，昌化县建置和名称基本稳定。

元至元十五年（1278 年），改临安府为杭州路，杭州为江浙行省治所。临安、於潜、昌化属杭州路。至正二十六年（1366 年），朱元璋攻克杭州，改杭州路为杭州府。临安、於潜、昌化属杭州府。

明清两代因之，临安、於潜、昌化属杭州府。

民国元年（1912 年）废杭州府，临安、於潜、昌化三县直属于浙江省；民国三年（1914 年）省下设道，三县属钱塘道；民国十六年（1927 年），废道，三县又直属于省；民国二十年（1935 年）8 月，省下设行政督察区，三县属浙江省吴兴行政督察区（次年改称浙江省第一行政督察区）；民国三十七年（1948 年）7 月，三县改属第九行政督察区，专属驻临安县衣锦镇。

1949 年 5 月 4 日，临安县解放；5 月 28 日，昌化县解放；5 月 29 日，於潜县解放。当时三县均属临安专区，亦称第九专区，专属驻余杭县在城镇。

1950 年 4 月，临安专区专属迁驻临安县城关镇，三县仍属临安专区。

1953 年，撤销临安专区，临安、昌化、於潜改属嘉兴专区。

1955 年，於潜、昌化县划入建德专区。

1957 年，临安县划入建德专区。

1958 年 10 月，撤销余杭县，并入临安县；撤销於潜县，并入昌化县。

1958 年 12 月，撤销建德专区，临安、昌化划归嘉兴专区。

1960 年 9 月 1 日，撤销昌化县，并入临安县，划归杭州市领导。

1961 年 3 月 1 日，将余杭、长命、仓前、潘板、黄湖、双溪、石蛤七公社（属原余杭县），划归杭州市钱塘联社（即今余杭县）。

1996 年临安撤县建市。

第三节　发现与发掘概况

2013 年 8 月，临安市锦城街道横街村村民向临安市文物主管部门举报称，杭州临安中南置业有限公司在该村西北部的中南望京山庄工程项目地块施工过程中发现古墓葬。得知消息后，杭州市文物考古研究所对此非常重视，随即会同临安市文化广电新闻出版局、临安市文物馆至现场查看。发现工地现场一座砖石混砌的古代墓葬遭到了严重破坏，墓室已暴露于外，墓葬砌筑规整，初步确认为宋代墓葬。（图版一：2）

在墓葬所在的山坡周围，采集到若干宋代至明清时期的陶瓷片，据此，工作人员判断该区域应该还有其他宋代至明清时期的古墓葬。

为避免发现的墓葬遭到进一步的破坏，杭州市文物考古研究所与建设单位多次交涉协商，双方就该地块的古墓葬清理事宜达成协议。杭州市文物考古研究所迅速组织专业技术人员，于 2013 年 9 月 10 日，会同临安市文物馆的文物干部，紧急进行古墓葬抢救清理工作。

根据考古工地的特殊情况，我们进行了分工，采用发掘清理与勘探调查相结合的办法来完成古墓葬的抢救清理工作。一方面，安排人员对已被破坏的古墓葬进行科学的发掘清理。

另一方面，安排人员对地表未发现墓葬的区域进行调查勘探：先采取梅花桩形探孔的方式，以1米为间距进行勘探；若发现有砖块或陶瓷片等疑似文物点，则采取下挖探沟的方式试掘；一旦确认为墓葬则扩挖探沟进行清理。工作期间，考古队员们加班加点，对发现的古墓葬及时做好清理、拍照、测绘和文字记录等工作。考古工地采取全天候值班制度，并与当地派出所对接，确保了现场文物安全。

2013年11月，抢救清理与勘探工作结束。考古勘探面积3.5万平方米，发现六朝、宋元和明清时期的古墓葬43座，墓内出土文物百余件。因古墓葬首先发现于临安市将军山支脉西坟山山坡，故将该墓地命名为临安西坟山墓群，编号2013LXFM。西坟山墓群中宋元时期墓葬共5座，编号分别为2013LXFM2、2013LXFM25、2013LXFM27、2013LXFM31和2013LXFM42（以下行文中省“2013LXF”，径称墓号），M31即为洪起畏夫妇合葬墓。（图版二、三）

对洪起畏夫妇合葬墓的发掘工作自2013年11月18日开始，至2014年6月9日结束，历时半年多。在此期间，杭州市文物考古研究所、临安市文物部门的领导非常重视，多次到现场协调各方关系，并对发掘工作进行技术指导。临安中南置业有限公司从发掘经费、工程施工安排、现场办公条件等诸方面给予了很大的支持，锦城街道、横街村委也在民工组织、现场保卫等方面进行了积极的协助，为考古发掘工作的顺利进行提供了有力保障。

本次考古发掘领队为周学斌，参与发掘的人员有杭州市文物考古研究所的周学斌、刘卫鹏、李迎、杨曦、施梦以、许崇乙和临安市文物馆的朱晓东、倪亚清、陶初阳等，李迎为发掘现场的文保专业人员。

第四节 资料整理和报告编写

墓葬发掘过程中，发掘人员细致、全面地写好发掘日记，全方位、多角度拍摄照片，认真填写墓葬发掘登记表，发掘结束后及时撰写发掘小结，为后期发掘报告的编写做好了准备。

2014年7月，在周学斌的主持下，发掘资料整理和报告编写工作正式开始。参与整理的人员有周学斌、刘卫鹏、李迎、何国伟、倪亚清、李二鹏、许崇乙、吴瑞肇、骆放放、李萌萌、黄李昭。

墓葬规模宏大，结构复杂，可分为抱手、封土、墓前建筑、墓室、排水道等五个部分，我们逐一对照发掘日记、照片、图纸等原始资料，查漏补缺，尽量弥补发掘中的不足之处。之后，详述各组成部分的形制特征，并在此基础上，对墓葬进行初步研究。

2015年4月，资料整理和报告编写工作全部完成。

需要说明如下：

1. 墓葬利用地势，背山面谷，方向为坐东北向西南。为方便叙述，墓葬各组成部分的相对位置以墓葬朝向为前方，用前、后、左、右进行说明。

2. 发掘时，为尽量保护墓葬的原貌，未对封土和抱手进行全面发掘，而是在墓室靠后壁处横向切割一个剖面，封土揭露了前半部分，抱手则是用横向探沟切割，基本弄清了封土和抱手的堆积构成情况。

3. 排水道因位于主室、墓前建筑、抱手之下，未做全面发掘，仅在局部做了解剖，但已能揭露出排水道的形制特征。

第二章　洪起畏夫妇合葬墓墓葬形制及随葬品

洪起畏夫妇合葬墓（M31）背靠将军山，两侧有山脉相护，前为地势平坦的山间谷地，远处南茗溪蜿蜒流淌，前望山峰重叠。所处环境山势环抱，前景开阔，藏风得水，为典型的所谓阴宅佳地。（图版二：1、2）

该墓坐东北向西南，方向210°。规模宏大，纵长60米，横宽约52米，占地面积约3000平方米；结构复杂，由抱手、封土、墓前建筑、墓室、排水道等五个部分组成，其间紧密相连，浑然一体。（图五～图八；图版三）

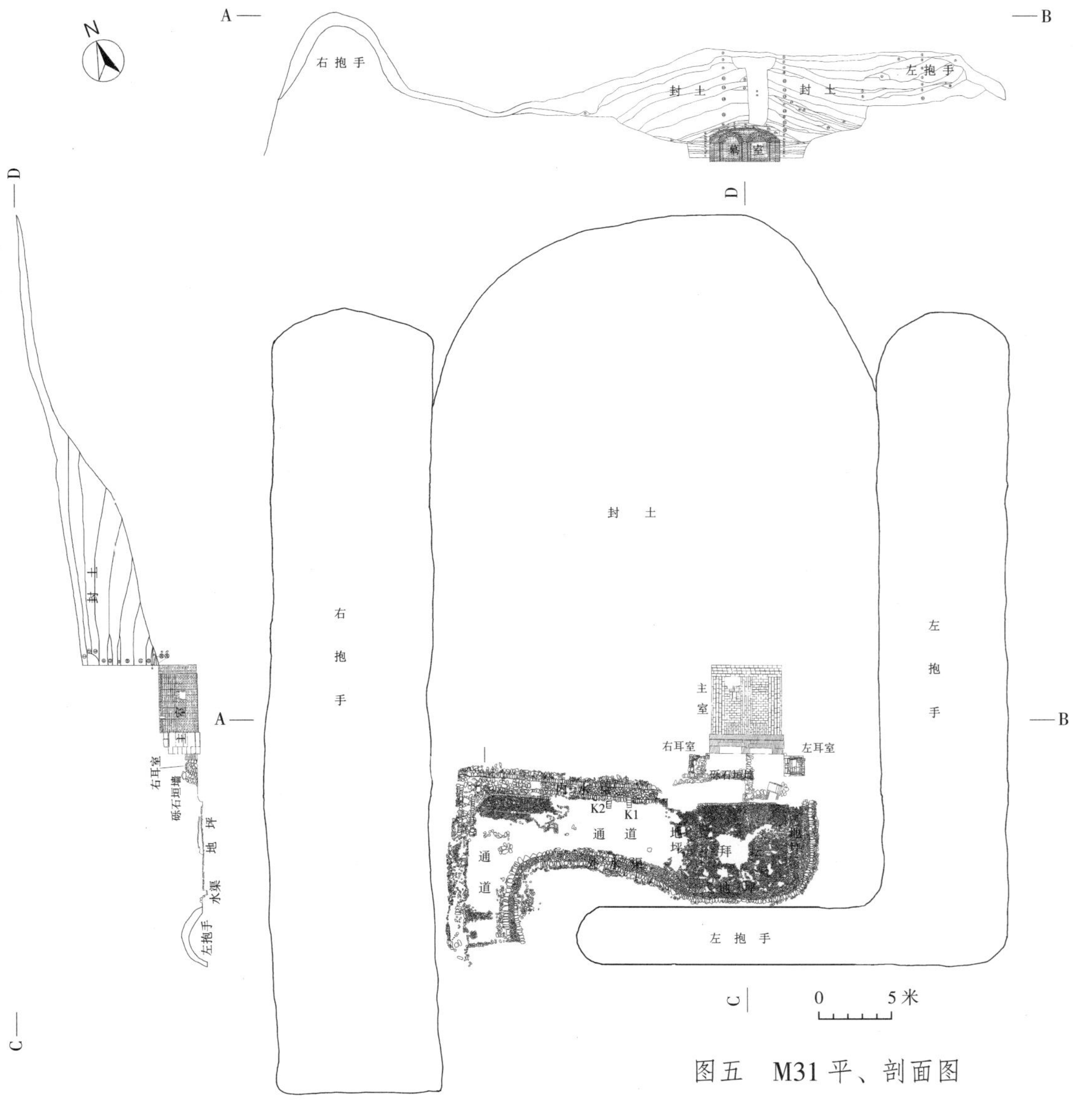

图五　M31平、剖面图

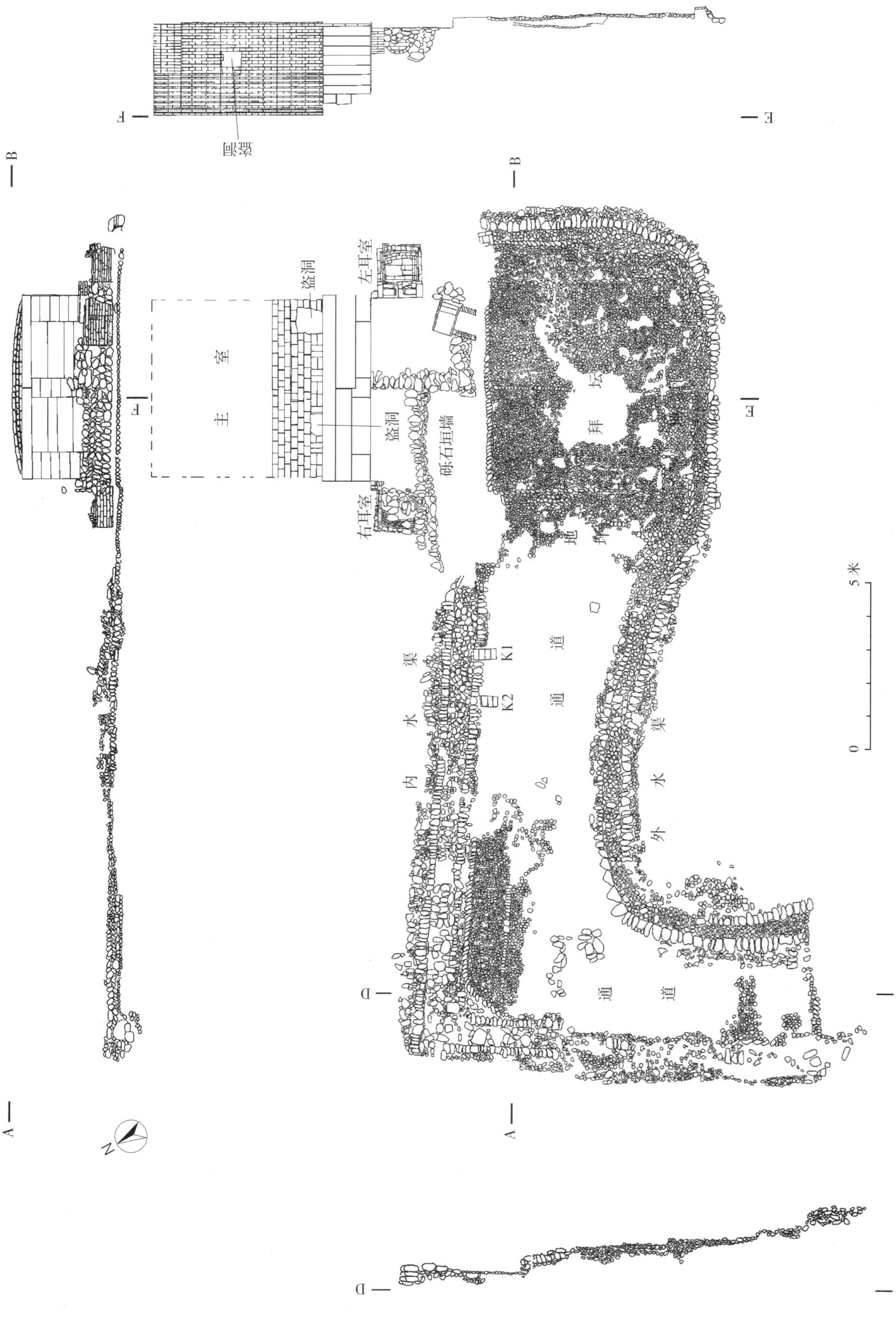

图六 M31墓室及墓前建筑平、剖面图

第一节　抱　手

抱手位于封土两侧，分左、右两部分，将封土、墓前建筑、墓室抱拢于内。左抱手呈曲尺形，利用前低后高的山势，主要为人工夯筑加高而成；右抱手呈长条形，利用高起的山脉，略加修整而成。

一　左抱手

曲尺形，位于墓葬左侧，即东南部，通长 44.5、通宽 30、高 1.4~13 米。根据左抱手的走向与堆积结构，可将其分为纵向夯筑和横向堆砌两部分。

纵向部分呈东北—西南走向的纵长条形，长 44、宽约 9 米，后高前低。后端最高，达 13 米；纵向往前约 10 米处，急剧下陷，约高 7.5 米；之后坡势较缓，前端最矮处高于现在地表仅 1.4 米。此纵向部分是利用山坡走势，将山坡原地表平整之后，在其上堆土夯筑而成。根据包含物构成比例及夯筑痕迹，左抱手纵向夯筑部分可分为 11 层，各夯层间交界线较为明显。发掘时，为尽量保护墓葬的原貌，未对抱手进行全面发掘，而是用横向探沟切割。在此以探沟剖面为例，将左抱手纵向夯筑部分的堆积层位介绍如下（图七；图版四）：

第①层：灰褐色地表层。结构疏松，富含植物根系与腐殖质。堆积分布于中部和右侧。中部略微凸起，叠压于第③层之上；向两侧略微倾斜，叠压于第②层之上。堆积厚 0~57 厘米。

第②层：灰黄色扰乱层。土质较硬，结构较致密，含零星植物根系与腐殖质。堆积内含零星黏土块，似为被扰乱的夯土层。堆积基本完全覆盖纵向夯筑部分。左侧部分裸露于地表，从中部向外侧呈陡坡状急剧下倾，其下依次叠压于第④、⑤、⑥、⑩、⑪层和生土之上；中部靠左处断开；右侧向上略微倾斜，叠压于第③层之上。堆积厚 0~84 厘米。

第③层：灰黄褐色夯土，土质较坚硬，结构较为致密，包含大量的径约 5~10 厘米的灰黄色黏土块和零星的径约 0.5 厘米的风化岩石颗粒。仅分布于左抱手纵向夯筑部分中右部。叠压于第④层之上，并向右部缓慢倾斜，右端叠压于⑤层之上。深 38~110、厚 0~46 厘米。

自第③层开始，以下各层堆积为明显的夯土层，多以径约 5~10 厘米的灰黄色和灰白色的黏土块和径约 0.5 厘米的红褐色风化砂岩颗粒相结合构成，结构均较为致密，因黏土块和风化砂岩颗粒的比例不同，颜色呈现出不同程度的差异。

第④层：黄褐色，黏土块均匀分布，其间夹杂少量风化砂岩颗粒。仅分布于中部和右部，整层堆积较厚，从中部向右部向下倾斜，叠压于第⑤层和第⑥层之上。深 38~152、厚 0~67 厘米。

第⑤层：暗红色，以风化砂岩颗粒为主，间杂少量径约 5~10 厘米的黄褐色黏土块。仅分布于中部和右部局部，被第④层堆积从中间隔断，整层堆积从中部向右部缓慢向下倾斜，叠压于第⑥层之上。深 52~195、厚 0~56 厘米。

第⑥层：黄褐色，与第④层堆积结构、包含物相似。除左侧一小部分外，基本覆盖于纵向夯筑部分。整层堆积两端较厚，中间较薄，不曾间断，从左向右逐渐向下倾斜，依次叠压于第⑦、⑨、⑧层之上。深 56~210、厚 16~48 厘米。

第⑦层：暗红色，与第⑤层堆积结构、包含物相似。零散分布于左部和右部。整层堆积很薄，自左向右逐渐向下倾斜，左部叠压于第⑨层和第⑩层之上，右部堆积叠压于第⑧层之上。深 200~250、厚 0~9 厘米。

第⑧层：浅红褐色，主要为黏土块。仅分布于右部。整层堆积从左至右缓慢向下倾斜，依次叠压于第⑨、⑪层之上。深 250~270、厚 0~36 厘米。

第⑨层：深灰褐色，风化砂岩颗粒与零星黏土块混合构成。仅分布于中部和右侧局部。整层堆积自左向右缓慢向下倾斜，依次叠压于第⑩层和第⑪层之上。深 210~305、厚 0~28 厘米。

第⑩层：浅灰褐色，包含物以风化岩石颗粒与黏土混合为主，两者比例对半。仅分布于右部一小块。整层堆积自左至右向下倾斜，叠压于第⑪层之上。深 51~230、厚 0~59 厘米。

第⑪层：灰色，包含物以黏土块为主，夹杂部分风化岩石颗粒，局部有个别径约 5 厘米的青砖碎块。除左侧一小部分外，基本覆盖于纵向夯筑部分。整层堆积较厚，自左向右缓慢向下倾斜，叠压于生土之上。深 84~315、厚 0~92 厘米。

横向部分位于左抱手前部，完全在平地上堆砌而成。左抱手在距后端约 40 米处，向右（西北方向）折拐约 21 米，宽度基本在 4 米左右，高约 1.4 米，将封土、墓前建筑、墓室抱拢于内。其堆积可分为 2 层，均比较平缓，从左向右逐渐向下倾斜：

第①层为灰褐色地表层，厚约 20~60 厘米。

第②层为被扰乱的灰黄色夯土层，土质较硬，结构较致密，含零星植物根系与腐殖质。整层堆积底部较为平坦，顶部自左向右逐渐向下倾斜，深 20~140、厚 80~120 厘米。

二　右抱手

右抱手系利用自东北—西南走向的小山脉略加修整而成，平面呈纵长条形，中部凸起，两侧垂下，长 53.5、宽 10.5~12.5 米。后端最高，达 14 米，从后向前，即从东北向西南缓慢倾斜，延伸约 30 米之后，坡度增大，至最前端处，仅高出地表约 3.5 米。

曲尺形的左抱手与纵长条形的右抱手后端基本平齐，右抱手在前端突出于左抱手约 9 米，二者非对称位于墓葬的两侧。左抱手系利用前低后高的山势人工夯筑加高而成，右抱手直接利用高起的山脉略加修整，因地制宜营造墓地。

第二节　封　土

封土位于墓葬中后部，后部枕靠山坡较高处，左、右两侧与左、右抱手紧密相连，将墓室完全覆盖于下。

封土平面呈纵长的椭圆形，规模宏大，纵长约 40、横宽约 30 米。除后部依山势而显得较高、达 13 米外，整个封土基本上是中间高凸、周围缓慢向外侧下倾，与墓室对应的封土顶部高约 5.8 米。

深厚的封土由人工逐层夯筑而成。封土上半部分堆积与左抱手堆积相连接，大多数层位一致，因此封土与左抱手的堆积层位是统一编号的。根据颜色、质地、包含物及夯筑痕迹，结合左抱手堆积层位，封土堆积层位从上至下、从晚至早可分为 5 组 30 层。现将封土横剖面堆积层位介绍如下（图七；图版五：1）：

第一组堆积与左抱手的堆积相通且一致，为墓室砌筑完成之后最晚覆盖的部分，包括第①、②、③、⑥、⑦、⑧、⑩、⑪层，共 8 层，左抱手处的第④、⑤、⑨层在此缺失。该组地层堆积特征及包含物前文已经介绍，此不赘述，现仅将堆积的位置、分布特征介绍如下：

第①层：满封土覆盖。整层堆积较为平缓，右侧向下倾斜。厚 0~175 厘米。

第②层：满封土覆盖，但中部被盗洞打破。整层堆积中部凸起，左、右两侧向下倾斜。深 20~160、厚 0~60 厘米。

第③层：仅覆盖于封土左侧局部。整层堆积略微向左侧倾斜。深 90~120、厚 0~68 厘米。

第⑥层；满封土覆盖，中部被盗洞打破。整层堆积中部凸起，两侧向下倾斜。深 40~180、厚 0~140 厘米。

第⑩层：仅覆盖于封土中部偏左，其右侧被盗洞打破。堆积较薄，整层堆积自右至左向下倾斜。深 100~145、厚 0~25 厘米。

第⑪层：满封土覆盖，中部被盗洞打破。堆积较厚，整层堆积中部凸起，两侧向下倾斜。深 115~310、厚 40~110 厘米。

从第二组开始向下，地层堆积仅覆盖于墓室之上，且均为夯筑而成。堆积性状与第一组③~⑪层相同，土质较坚硬，结构较为致密，包含物以径约5~10厘米的灰黄色黏土块和径约0.5厘米的风化岩石颗粒构成。不同层位所包含的黏土块和风化岩石颗粒所占比例不同，从而使各层堆积呈现不同的颜色。各层之间界限分明，可分为 13 层，包括第⑫~㉔层，其中第㉒与㉓层之间夹有一层炭灰（图版五：2）。

第⑫层：暗红褐色，以黏土块和风化岩石颗粒混合构成，黏土块略多。堆积仅分布于封土中部和左侧，中部被盗洞打破，左侧远端与生土相连接。整层堆积中部凸起，两侧向下倾斜。深 170~360、厚 0~90 厘米。

第⑬层：浅红褐色，以黏土块为主，夹杂零星风化岩石颗粒。堆积满封土覆盖，中部被盗洞打破，左、右两端均与生土相接。整层堆积中部凸起，两侧向下倾斜。深 200~450、厚 20~120 厘米。

第⑭层：红褐色风化岩石颗粒，夯过。堆积仅分布于封土中左部和右侧局部，中右部分被盗洞打破，左端与生土相接，从左至右依次覆盖于第⑮、⑯、⑰、⑱层之上。整层堆积较薄，中右部略显平缓，左侧向左倾斜。深 240~490、厚 0~20 厘米。

第⑮层：浅红褐，以黏土块为主，夹杂零星风化岩石颗粒。仅分布于封土左侧，左端与生土相连，叠压于第⑯层之上。整层堆积较薄，从右至左向下倾斜。深 335~490、厚 0~19 厘米。

第⑯层：暗红色夯土层，黏土块与风化岩石颗粒混合构成，颗粒略多过黏土块。仅分布于封土左侧，左端与生土相连，叠压于第⑰层之上。整层堆积较薄，从右至左向下倾斜。深305~500、厚0~30厘米。

第⑰层：浅红褐，以黏土块为主，夹杂零星风化岩石颗粒。仅分布于封土中部和左侧，中部被盗洞打破，左端与生土相连，叠压于第⑱、⑲层之上。整层堆积从右向左倾斜。深290~510、厚0~30厘米。

第⑱层：暗红色夯土层，黏土块与风化岩石颗粒混合构成，岩石颗粒略多过黏土块。除左端小部分外，基本覆盖整个封土，从左至右依次叠压于第⑲、⑳、㉑层之上，右端与生土相接。整层堆积中间凸起，两侧下倾。深260~470、厚0~100厘米。

第⑲层：红褐色风化砂岩颗粒层。仅分布于封土左端一小块，叠压于第⑳层之上，左端与生土相连。整层堆积向左倾斜。深470~515、厚0~40厘米。

第⑳层：浅红褐，以黏土块为主，夹杂零星风化岩石颗粒。仅分布于封土左侧，叠压于第㉑层之上，左端与生土相连。整层堆积向左侧倾斜。深400~525、厚0~50厘米。

第㉑层：浅红褐色，由黏土块与风化岩石颗粒混合而成。满封土分布，叠压于第㉒、㉓层之上，左、右两端与生土相连。整层堆积中部凸起，两侧向下倾斜。深350~530、厚0~110厘米。

第㉒层：暗红褐色，由黏土块与风化岩石颗粒混合而成，颗粒多于黏土块。除左端一小部分外，基本上满封土分布，大部叠压于第㉓层之上，右端叠压于第㉙层之上。整层堆积较薄，中部凸起，两侧向下倾斜。深430~560、厚0~30厘米。

第㉓层：黄褐色，以黏土块为主，含零星风化砂岩颗粒与石灰。基本满封土分布，左端于生土相接，右端叠压于第㉙层之上。整层堆积中部凸起，两侧向下倾斜。深470~570、厚0~70厘米。

第㉔层黄褐色，略发白，以黏土块为主，含部分石灰与零星风化砂岩颗粒，较第㉓层坚硬致密。仅分布于封土中部与左侧局部，叠压于第㉖、㉗、㉘、㉙层之上。整层堆积从右向左倾斜。深480~530、厚0~28厘米。

第三组为第㉕层，灰白色夯土，由黏土、风化砂岩颗粒、碎石块及少量石灰构成，为墓室封顶之后堆筑于墓室两侧前部，应为加固墓前石条之用。根据夯筑痕迹可分为a、b、c、d、e、f六小层，各层堆积包含物基本一致，外侧与生土相连，内侧与墓室相接，走势均较为平缓，厚度多在11~16厘米之间（图版六：1）：

㉕a层：深590~610、厚11~19厘米。

㉕b层：深608~613、厚12~16厘米。

㉕c层：深622~627、厚13~15厘米。

㉕d层：深635~642、厚13~16厘米。

㉕e层：深647~652、厚11~15厘米。

㉕f层：深671~680、厚20~24厘米。

第四组为黏土、风化砂岩颗粒、碎石、石灰等混合而成，颜色从灰白色至白色，非常坚硬，部分与水泥相似。堆积覆盖于墓顶之上，为墓室封顶之后最早堆筑的一组堆积，为加固、密封墓室的最主要部分。可分为第㉖、㉗、㉘三大层，各层又可分为若干小层：

第㉖层呈灰白色，以黏土、石灰和少量风化砂岩颗粒等构成，质地坚硬。根据夯层痕迹可分为a、b、c三小层：

㉖a层分布于墓顶中右部，较薄。深490~545、厚0~20厘米。

㉖b层分布于墓顶中部一小块。深500~505、厚0~20厘米。

㉖c层，仅分布于墓顶右侧，很薄。深512~550、厚0~12厘米。

第㉗层呈灰白色到白色，质地非常坚硬，由黏土、风化砂岩颗粒、碎石、石灰等混合而成，应还有黏合剂，结构极为致密。仅分布于墓顶左半部。可分为a、b、c三小层（图版六：2）：

㉗a层仅分布于左侧中部一小块，很薄。深500~515、厚0~7厘米。

㉗b层深510~540、厚0~25厘米。

㉗c层仅分布于墓顶左侧左端，下部局部直接压于墓顶之上。深538~542、厚0~40厘米。

第㉘层呈灰白色，由径约1~2厘米的黏土块、径约2厘米的碎石块、风化岩石颗粒及石灰等构成。仅分布于墓室两侧。可分为a、b两小层：

㉘a层，因颗粒较多，颜色略泛红。分布于墓顶两侧。深502~614、厚0~28厘米。

㉘b层，含石灰块较多，颜色泛白。仅分布于墓室右侧。在墓室外中部呈竖条状，将墓室外侧封土分为前、后两部分。深578~611、厚0~32厘米。

第五组包括第㉙和㉚层，为墓室封顶之前夯筑，由黏土、风化砂岩颗粒及少量石灰构成，主要位于墓室两侧，应为加固墓室四壁之用。

第㉙层呈深褐色，主要由风化砂岩颗粒构成，少量黏土块。分布于墓室两侧和右侧后部。根据夯层可分为a、b、c三小层：

㉙a层：较薄。深602~621、厚0~18厘米。

㉙b层：深618~624、厚0~20厘米。

㉙c层：深579~601、厚0~15厘米，两端压于生土之上。

第㉚层呈红褐色，为黏土块与风化砂岩颗粒混合构成。分布于墓室左侧和右侧后部，内侧与墓室外壁相连，外侧与生土相接。根据夯层可分为a、b、c、d、e五小层，堆积走势均较为平缓（图版六：1）：

㉚a层：深600~615、厚15~30厘米。

㉚b层：深625~630、厚25厘米。

㉚c层：深650~655、厚10~15厘米。

㉚d层：深660~665、厚10~13厘米。

㉚e层：深672~677、厚24~29厘米。

第三节　墓前建筑

墓前建筑位于封土前部、抱手之内，左端、前端与左抱手相连，右端与右抱手相连，由通道、地坪与拜坛、水渠三部分组成，均为砾石铺砌，纵长14.1、横宽26.1米。

一 通道

通道位于墓前建筑的中部和右前部。平面呈曲尺形。后侧边缘较为平直，左前侧边缘向内略弧，右前侧向前伸出，延伸至左抱手之外。横宽 13.8、纵长 13.9 米。通道边缘以径约 20~40 厘米的砾石铺砌，表面则用径约 5~10 厘米的砾石密集平铺。（图六；图版七、八）

曲尺形通道的横向部分，位于墓前建筑的中部，平面略呈东南—西北走向的横长方形，左侧前凸，右侧后缩，后部边缘较为平直，右前部边缘向内弧收，长 6.6、宽约 3.2~4.5 米。表面原来平铺的砾石已被破坏殆尽，在右侧和左前部还见有零星的径约 15~30 厘米的砾石块，估计为后期扰乱所留，并非原来的砾石面。（图版八：1）

曲尺形通道的竖向部分，位于墓前建筑的右前部，高出横向部分约 0.2 米，右侧与右抱手相接。其平面略呈东北—西南走向的纵长方形，基本与右抱手平行，后侧和右侧边缘较为平直，左侧边缘向内弧收，前部伸出左抱手之外，纵长 13.9、横宽 2.8~6.5 米。通道表面平铺的砾石保存较好，仅局部遭到严重破坏。（图版八：2）

竖向部分通道呈前低后高的斜坡状，从前至后可分为四级逐层递高的台地，每个台面亦呈前低后高之势，最后端与最前端的总高差达 1.5 米。最前端的第一级台地最低，平面近长方形，长约 1.3、横宽 1.6~1.9 米，仅右侧保留有少部分的砾石面。第二级台地高出第一级台地约 0.3 米，二者之间相接处用径约 10~15 厘米的砾石砌成陡直斜面，保存较好。此级台地平面呈近长方形，纵长 1.5、横宽约 2 米。表面的砾石层也遭到了严重破坏，仅右部保留有局部。第三级台地高出第二级台地约 0.3 米，二者之间相接处的陡直土面裸露明显。此级台地面积较大，呈前窄后宽的梯形，纵长 6.1、横宽 2~3.1 米。台地表层保存较差，中部土层完全裸露，仅前、左、后部保留有局部的砾石面。最后端的第四层台地与第三级台地间亦是以裸露的陡直土层面相接，高出后者约 0.4 米。平面略呈长方形，纵长约 2.4、横宽 6.5 米。表面砾石层仅前部和左部局部遭到破坏，其他保存较好。在表面砾石层中部用径约 15~25 厘米的砾石横向装饰一条带，将第四级台地大致平分为前后两部分。左、后边缘用较大的砾石铺砌成一弧形条带，应为排水之用。

通道后部边缘中部被后期的两个扰坑（K1、K2）打破。

二 地坪与拜坛

地坪与拜坛位于墓室正前方，通道左侧。（图版九：1）

1. 地坪

地坪位于通道的左侧，与通道基本在一个水平面上，略向前部倾斜。平面呈近长方形，后侧两角平折，前侧两角圆弧，左侧边缘从后向前略向内弧收，纵长 6.3、横宽 9.1~9.8 米。

地坪表面用径约 5~10 厘米的小砾石密集铺砌而成，左、前两侧边缘用径约 10~15 厘米的较大砾石叠砌；后侧边缘用径约 15~20 厘米的较大砾石砌成内收的斜面，使得地坪的边界鲜明，尤以后侧边缘最为明显和规整；右侧不砌边，直接与通道相连接。表面的砾石层基本保存较好，左侧和前侧略遭破坏，露出斑驳的土层面；右侧所遭破坏相对严重些，大片的土层面裸露出来。

2. 拜坛

拜坛位于地坪的中后部，左、前、右三侧被地坪包围，后侧与地坪共用边缘。拜坛表面亦是由径约 5~10 厘米的小砾石密集铺砌而成，平面呈东南—西北走向的近长方形，纵长 5.3、横宽约 6.5 米。四边以径约 15~20 厘米的一排较大砾石密集铺砌成内收的斜面，砌筑规整，使拜坛高出周围地坪约 0.07~0.2 米。中部用径约 15~20 厘米的较大砾石砌筑出两列条带，纵横各一，呈十字形交叉，将拜坛分成左前、右前、左后、右后四个面积大致相同的区域。纵向条带的中前部和横向条带的中右部已被破坏，其余部分则清晰可见，规整凸出。

整个拜坛均遭到了不同程度的破坏，部分区域铺砌的砾石已荡然无存，局部显露出近圆形或椭圆形或不规则形的土层面，面积不等。尤其是右前部破坏程度最大，形成一个左后角向外伸出一条带的近圆形土层面，径约 1.6~2.4 米。被破坏区域因无砾石层，低于周边 0.05~0.15 米。

三　水渠

水渠位于墓前建筑的左侧、前侧、右侧和右后侧边缘，除地坪后方和通道口外，基本将整个墓前建筑环绕于内。水渠保存基本完整，先在地面下挖沟渠，然后用径约 5~10 厘米的小砾石平铺内底，再用径约 15~45 厘米的砾石叠层砌筑两侧壁。根据所在位置来看，可分为外水渠和内水渠两条。

1. 外水渠

位于墓前建筑的左、前侧，从地坪左后角开始，顺地坪左侧边缘向前，至地坪左前角向右弧拐，然后向右延伸，紧贴地坪和通道的前部边缘，顺通道走向，向前弧拐后，顺通道左侧边缘直行，向前延伸至通道竖向部分左前角结束。整个平面呈近“S”形，后高前低，总高差达 1.5 米（图版九：2）。为介绍清楚，现将该水渠从后向前分为四段叙述：

第一段，从地坪左后角开始，顺着地坪左侧边缘，从后向前，至地坪左前角结束，长约 6.6 米。水渠内壁利用地坪左侧边缘，外壁垒砌一层径约 30~45 厘米的大块砾石，其外再堆衬径约 5~20 厘米的中、小砾石，外壁高于内壁。此段水渠中部略宽，两端略窄，宽约 0.25~0.5 米；后端很浅，从后向前逐渐加深，深 0.05~0.25 米。（图版一〇：1）

第二段，外水渠在地坪左前角向右弧拐，顺着地坪前侧边缘，从左至右，至地坪右前角结束，是为外水渠的第二段，长 9.8 米。水渠内壁利用地坪前侧边缘，外壁垒砌三层径约 15~30 厘米的砾石，亦高于内壁，其外仅左侧堆衬有零星的小块砾石。此段水渠也是中部略宽，两端略窄，宽约 0.25~0.4 米；左右走势较为平缓，从左至右逐渐变低，深 0.25~0.45 米。（图版一〇：2）

第三段，从地坪右前角，即通道横向部分左前角开始，顺着通道前部边缘，从左至右，至通道右前拐角结束，长 6.6 米。水渠内、外壁均用径约 15~45 厘米的较大砾石叠砌两层而成，外侧再用小砾石平铺堆衬。内底平铺的砾石尺寸较大，多在 10~15 厘米之间，底宽 0.3~0.4 米；左右走势较为平缓，从左至右逐渐变低，深 0.45~0.5 米。（图版一〇：3）

第四段，水渠在通道右前拐角向前呈弧形拐出后为第四段，顺通道竖向部分左侧边缘向前延伸，直至水渠结束，长 6 米。水渠内壁为大块砾石砌成，但仅铺一层；外壁所用砾石较小，砌三层，外侧用小砾石平铺堆衬。水渠中后部底宽较为均匀，约 0.4 米，前端变阔，达 0.65 米。该段水渠从后向前急剧下降，坡势较陡，前后高差达 1 米，水渠自深 0.3~0.5 米。（图版一〇：4）

2. 内水渠

位于通道的右、后侧，从通道左后角开始，紧贴通道后侧边缘向右，至通道右后拐角向前折拐，至通道右前角结束。整个平面呈曲尺形，后高前低，总高差达 1.6 米。为方便，现该水渠从后向前分为两段叙述：

第一段，从通道左后角开始，顺着通道后侧边缘，从左至右，至通道右后拐角结束，长约 14.3 米。内外两壁以径约 20~40 厘米的大块砾石垒砌一层至四层不等，外侧还堆衬铺砌小块砾石，尤以右后角保存较为完整，垒砌 4 层，深达 0.6 米。整段水渠保存较好，砌筑平直规整，两壁立面陡直，左端基本同地面齐平，往右逐渐加深，深 0.2~0.6 米；砾石铺砌的渠底较阔，宽 0.5~0.7 米。（图版一一：1）

内水渠第一段偏左靠通道处被后期的扰乱坑 K1、K2 打破。

第二段，从通道的右后拐角开始，紧贴通道右侧边缘，从后向前，至通道右前角结束，前端与外水渠前端基本平齐，长 13.1 米。该段水渠砌法与第一段基本相同，渠内有塌落的零散砾石块。水渠后半部分保存相对较好，砾石面规整平直，宽约 0.5~0.65 米。前半部分保存较差，多为径约 5~20 厘米的中小块砾石，径约 20~40 厘米的大块砾石似乎多被破坏，仅存零星几块，且铺砌不甚规整。水渠的前后高差较大，达 1.6 米，排水效果应该不错。（图版一一：2）

第四节　墓　室

墓室坚固、严密，由砾石垣墙、耳室和主室三部分组成，其上部原有封土覆盖。（图版一二：1）

一　砾石垣墙

墓室前端用径约 20~40 厘米的长条形或三角形的大块砾石垒砌垣墙。垣墙前部与拜坛相接，后部与墓室封门相连，左后角、右后角分别与左、右耳室连为一体，中部纵向垒砌一道垣墙，围合成左、右两个以墓室封门为后墙的较为封闭的空间，整个平面呈曲尺形，残宽 8、纵长 3.25 米。垣墙墙体从下往上逐渐内收，基本呈斜面形，即底部砾石凸出，上部砾石缩进。根据相对位置可将其分为左室垣墙和右室垣墙。（图九；图版一二：2）

1. 左室垣墙

左室垣墙较为前凸，前部紧贴拜坛，左后角与左耳室相连，除后墙利用石质封门外，左、前、右墙均大块砾石垒砌，形成一个平面大致呈纵长方形的闭合空间，长约 2.4、宽约

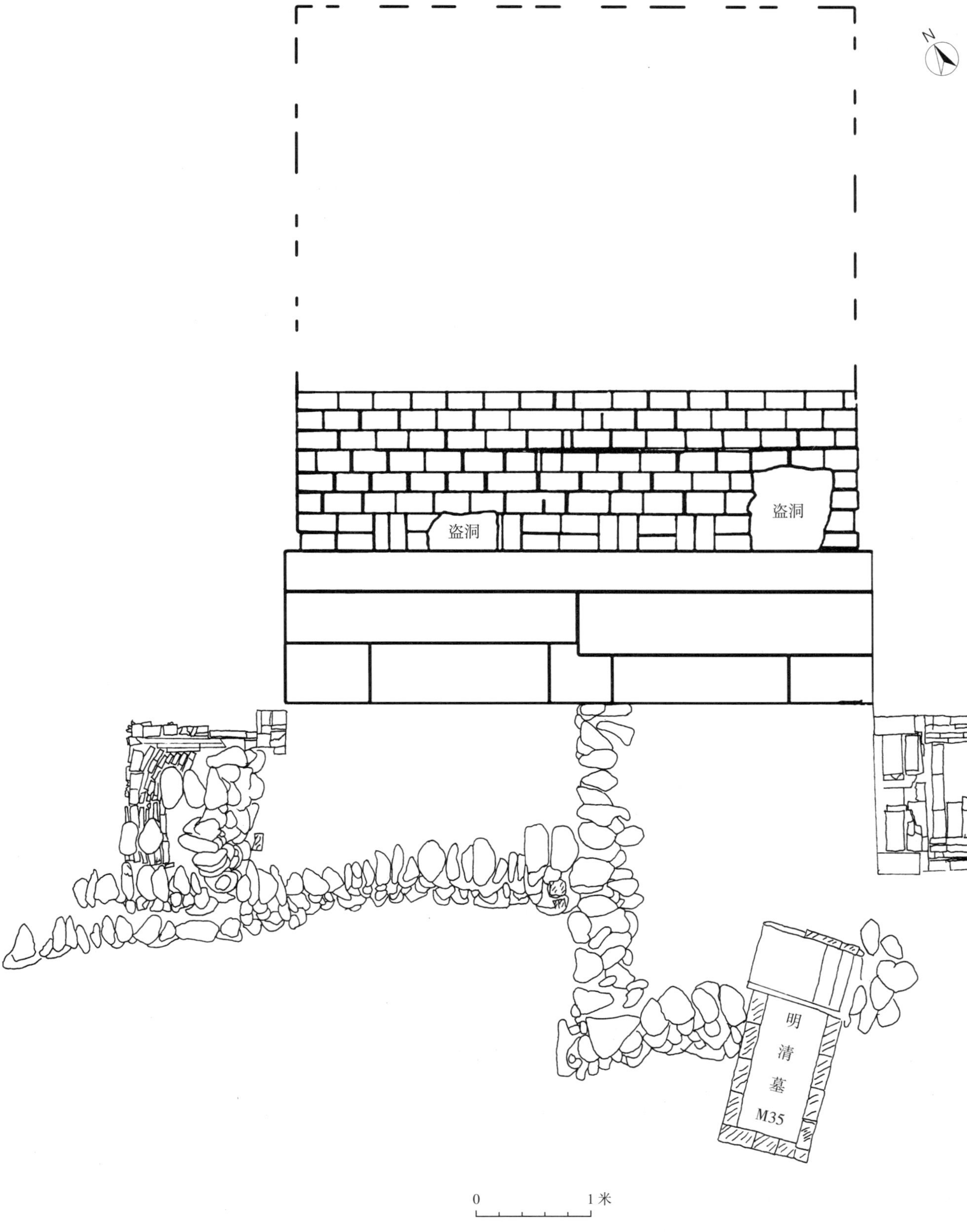

图九　M31砾石垣墙平面图

2米。左墙后端紧连左耳室，中部大部分砾石墙体已遭破坏，仅剩前端一小部分，垒砌三至四层砾石，残长0.9、高0.7米。前墙长3米，左半部被一座明清墓葬M35扰乱打破。右墙相对保存较好，后端直抵石质封门的地栿中间，长3.25米；但比较低矮，垒砌三至四层砾石，高约0.38~0.6米。

左室垣墙内部铺有一层径约5~10厘米的细小砾石，平面略呈梨形。砾石层后部为椭圆形的梨腹，后端与封门石条相连，小部分覆盖于铺地石条上；前部收缩成条带状的梨把，伸至前墙之下；左侧并列放置三块较大的砾石，同左耳室相连接。左室垣墙右墙和前墙下端均覆压有细小砾石。（图版一三：1）

在砾石层左后部露出石板的一角，经清理发现，该石板为一合墓志上方的志盖，长92.5、宽69、厚16.5厘米，一角稍斜收，边缘稍残。志盖上书“有宋淑妇孺人郎氏之墓”等文字。志盖下为志石，长90、宽70.2~70.5、厚16~16.5厘米。志文记述了郎氏生平、品德和洪起畏对夫人郎氏的怀念等内容。志盖和志石四边均稍加修整，文字均为楷书。（图版一三：2）

2. 右室垣墙

右室垣墙比左室垣墙后缩1.1~1.5米，前墙、右墙均用大块砾石垒砌，后墙利用石质封门，左墙利用左室垣墙的右墙，亦形成一个平面略呈横长方形的闭合空间，纵长约1.2、横宽约2.5米。（图版一四）

右室垣墙总体保存较好。前墙呈东南—西北走向，左端连接左室垣墙右墙中部，中部略向后弧收，长3.5米，基本垒砌四层砾石，两端上边各附加两块砾石，为五层，墙面收分较大，高约0.76~1.04米。前墙在右端继续向右墙以外延伸约0.9~1.5米，这部分可分为两重，内重与右墙前端相连接，垒砌四层砾石，高约0.76~0.86米，伸出右墙0.9米；外重向右前倾斜，垒砌两层，高约0.5米，伸出右墙1.5米。右墙右侧与右耳室紧贴，前端与前墙相接，通长1.4米。右墙前端为大块砾石垒砌，长1.05米，垒砌三层砾石，高0.36~0.6米；后端以一小段纵横交错平砌的砖墙与石质封门相连接，长0.35米，砌砖九层，高0.85米。

右室垣墙内空间略小，其内墓志一块，竖立于右室前的铺地石条之上，背面朝外，正面朝内，紧贴封门石条，底面和上端边缘以白灰黏合固定，下端中部再横放一块大砾石加固。墓志长80.5、宽80、厚13.5厘米。背面大致呈盝顶，长69.5、边缘厚6.9厘米。志上文字为行草，部分不可辨认，大致内容为墓主洪起畏生平、品德等。

二　耳室

耳室位于石质封门前部两侧，分为左、右两个耳室，朝向相对，后部以砖砌矮墙与石质封门相接，前部与砾石垣墙相接。两耳室平面均为近方形，青砖砌筑，单券顶，形制基本相同，尺寸相近，底面基本同主室前底面平齐。

1. 左耳室

左耳室位于石质封门左前部，二者之间以0.1米长、0.98米高的青砖墙相连，前部与左室垣墙左墙相接。

左耳室坐东南向西北，长1.5、宽1.3、高0.98米。正面有砖砌的封门，分内、外两层，均为横砖错缝平砌。内层封门砖墙平砌9层，高0.6、宽1米。砖墙表面参差不齐，缝隙较宽，缝隙间流垂大块的石灰，表面呈褐色，内里呈白色。外层封门平砌13层，高0.98、宽1米，壁面较为平整，也可见砖缝内垫抹的白灰。封门砖墙整体内缩0.09~0.12米，厚0.36、高0.6~0.98米。封门墙两侧各顺向平砌一道砖墙，墙面上粘附青灰色黏合剂。耳室后壁有内、外两层砖墙，均为横向错缝平砌。内层砖墙直壁平砌5层（至墓底土层），往上叠涩3层至顶面，越往上叠涩弧度越大。外层用砖块平砌，砖层间缝隙较大，其间填塞砖屑；砖块薄厚均有，最薄者厚3.7、宽13.1~13.3厘米，次者厚5.9~6、宽10.5~10.6厘米，最厚者厚7.2~7.4、宽17.7厘米。后壁通高0.76米。耳室左、右壁两壁顺向错缝平砌5层砖，高0.36米；之后由两侧直壁往上顺向侧砌4层砖，顶部再以砖块横向并列侧砌。耳室内长0.97、宽0.7、高0.62（至铺地砖）米。铺地砖分上、下两层，横向平砌，上层砖较窄，长30、宽10~10.4、厚5.2~5.3厘米，下层砖较宽，长29.5、宽14、厚4.2厘米。耳室已被盗扰，封门中上部、券顶前部遭到破坏，室内未发现遗物。（图一〇；图版一五：1、2）

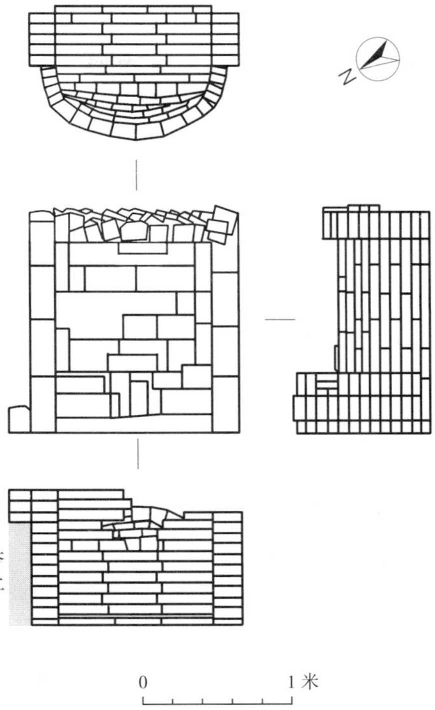

图一〇　M31左耳室俯视、立面图

2. 右耳室

右耳室位于石质封门右前部，左以砖墙与石封门相连，右与右室垣墙右墙后段相接。砖墙青砖交错平砌13层，墙面涂抹大量石灰，墙长0.35~0.4、厚29、高0.83米，砖长32、宽17、厚6厘米。

右耳室坐西北向东南，长1.34、宽1.34~1.38、高0.8~0.83米。封门及前壁外均以径约17~48厘米的大块砾石垒砌。封门砾石下宽上窄，底部凸出，中部略内凹，往上逐渐朝后收缩。共8层砾石，最上一层中部的砾石径达48厘米，已经高出耳室券顶之上，高0.93米。左壁顺向错缝平砌5层砖，高0.44米，之后开始以青砖顺向侧砌起券4层，再以横向侧砌方式砌筑至券顶；右壁顺向错缝平砌0.3米高的4层砖后即开始以顺向侧砌砖起券3层，再以横向侧砌方式砌筑至券顶。两侧壁的平砌砖长29、宽10、厚5厘米。券顶与两侧壁已遭

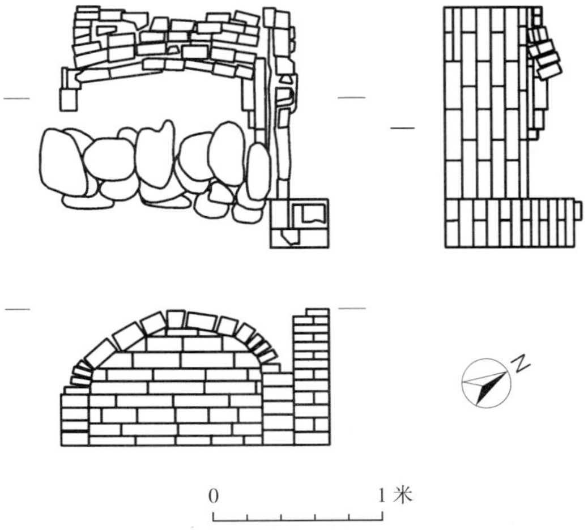

图一一　M31右耳室平、剖面图

到破坏，券顶的横向侧砌砖仅剩后部三列，砖块宽 10~10.5、厚 4.7~5.1、现长 10.5~15.5 厘米，最短的仅长 5.8 厘米。后壁用青砖横向错缝平砌 5 层，再往上叠涩 3 层，下端弧度很小，往上弧度增大。砖的内面多涂有红彩。铺地砖有上、下两层，横向平砌，仅存后端一部分，上层为长 29.5、宽 10、厚 4.8 厘米的窄砖，下层为长 27.5、宽 12.8、厚 3.5 厘米的较宽的砖。室内填土紫褐色、深褐色，十分坚硬，其中包含少量石块。未发现棺木、人骨痕迹及随葬品。（图一一；图版一六：1、2）

三　主室

由主封门和砖室两部分组成。（图一二）

1. 主封门

主封门紧贴砖室前部，用石条和青砖砌筑而成，独立于砖室之外，横宽 5.08、进深 0.3~1.32、高 2.2 米。主封门分为门额、门身、地栿三部分。（图一三；图版一七：1）

门额

门额位于主封门的顶部，为前后并排横向平铺的三块条石构成，平面略呈长方形，横宽 5.08、进深 0.8~0.9、厚 0.24~0.28 米。后部一条条石较长，为长方体，横贯整个主封门，长 508、宽 36、厚 28 厘米。前部由两块石条横向衔接而成，截面均呈梯形，后部较厚，约 28 厘米，前部较薄，为 24 厘米。其中左侧石条长 256、宽 54 厘米；右侧石条较短，长 252 厘米，相对于左侧石条后缩约 10 厘米，即宽 44 厘米。

门身

门身位于主封门中部，用石条和青砖垒砌而成，石条间通过简单的榫卯结构相连接，平面呈“王”字形，通宽 5.06、进深 0.3~1.32 米；正立面呈长方形，高 1.66 米。门身由横向长方形石条和纵向内凹石条垒砌而成，横向石条的两端放入纵向石条内凹部分，被扣牢于内。在右侧后部空间用青砖横向平砌铺成前后两排，前部紧贴横向石条，后部与墓室的前壁相连接；左侧后部空间则用夯土填塞。

横向石条共四层。从上至下第一层分左、右两块，左侧石条长 176 厘米，右侧石条长 178 厘米；两块石条宽度、厚度相同，均为 28 厘米宽、46 厘米厚。第二、三、四层结构、砌法与第一层相同，左、右石条长度均在 176~178 厘米之间，宽度也均为 28 厘米左右，但每层的厚度有所变化，且左、右两块石条的厚度也有不同。第二层左侧石条厚 46 厘米，右侧石条厚 26 厘米；第三层左侧厚 26 厘米，右侧为 44 厘米厚；第四层左侧厚 44 厘米，右侧厚 50 厘米。

纵向内凹的石条从上至下共六层，第一层厚 0.26 米，分左、中、右三块。左侧一块石条呈朝向内侧的“凹”字形，通长 132、通宽 74 厘米，靠内侧从前往后 55 厘米处内凹 12 厘米，至 85 厘米处外折恢复为原宽。中部一块平面呈两侧内凹的“工”字形，通长 132、通宽 54 厘米，该石条左侧在从前向后 55 厘米处开始内凹 12 厘米，至 85 厘米处外折恢复为原宽；右侧则从前往后 62 厘米处开始内凹 12 厘米，至 92 厘米处外折恢复为原宽。右侧一块亦为“凹”字形，朝向与左侧内凹石条相对，通长、宽与左侧石条相同，靠内侧从前往后 62 厘米处内

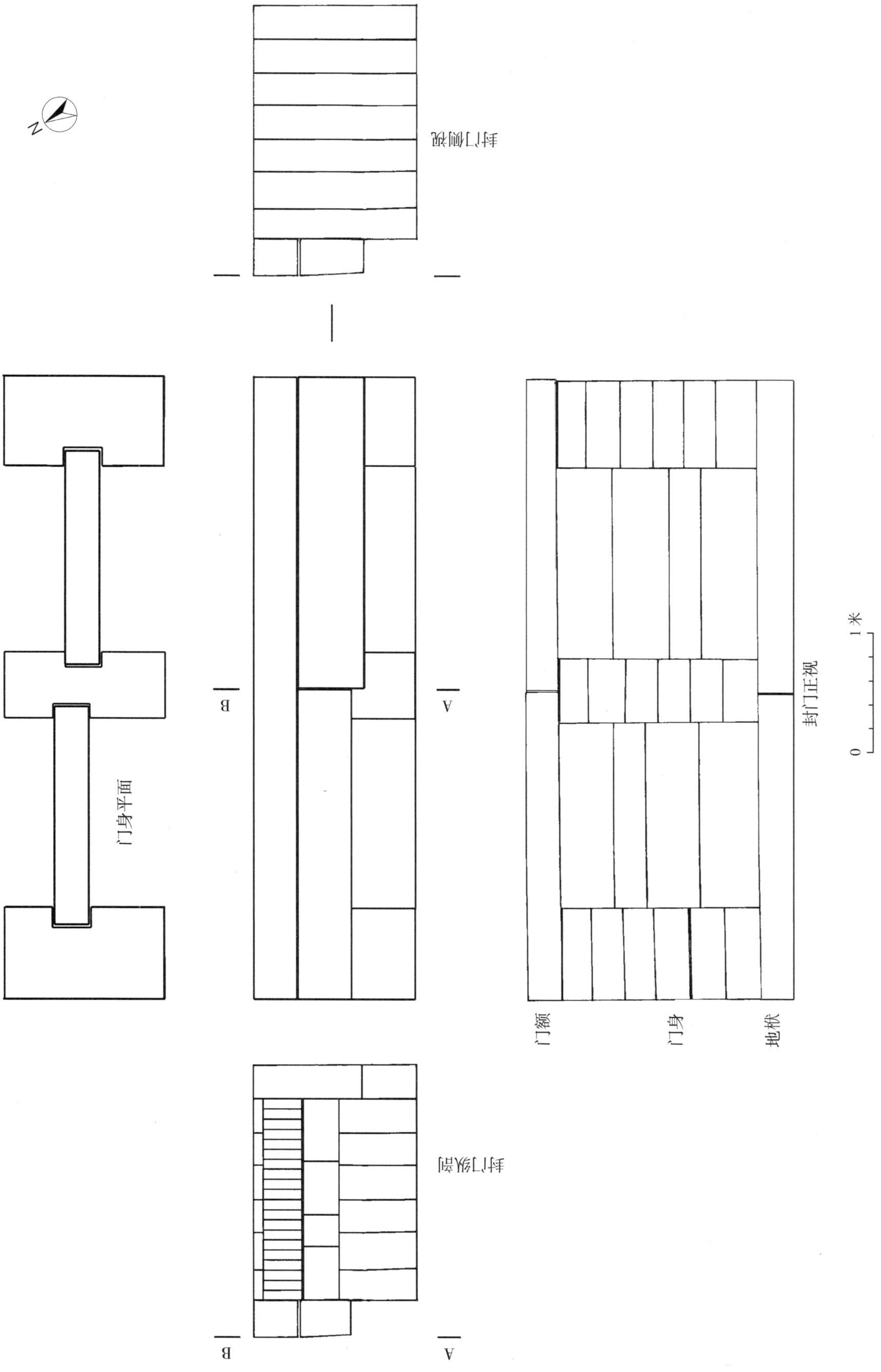

图一三　M31 主封门平、剖面及侧视图

凹 12 厘米，至 92 厘米处外折恢复为原宽。第二至六层结构、砌法与第一层相同，仅厚度略有变化，分别为：第二层 0.3 米，第三层 0.26 米，第四层 0.28 米，第五层 0.26、第六层 0.3 米。

纵向石条相对于横向石条均向前伸出约 0.37~0.49 米，形成三道凸出的门柱。

地栿

地栿位于封门的底部，因被压于主封门之下，两侧又有夯土覆盖，其具体结构与规格尺寸不详。可确定的是亦为石条砌筑，且左、右两侧及前侧与纵向石条基本平齐，宽度为 5.08 米。推测其结构、砌法与门额可能相似。

2. 砖室

砖室位于封土之下，为双室并列的拱券顶，整个平面呈横长方形，纵长 4.4、横宽 4.56、通高 2.38 米。砖室由主券顶和左、右室三部分组成，均以青砖砌筑，砖缝间填抹或厚或薄的石灰。

（1）主券顶

主券顶位于主室的上部。先于墓圹中砌筑两个并列相连的拱券顶砖室，然后用砖将两个砖室拱券顶之间凹下的部分用顺、横相间的平砖叠砌，使中部高出左、右砖室的券顶，并用适当的三合土填垫，形成中间高、两侧低的弧形顶面结构，再在其上砌筑一个大的券顶，即为主券顶，覆盖于左、右两室之上。

主券顶为两层平砖纵横向交错垒砌而成，上层为横向，下层为纵向，两层之间以厚约 0.7~2.4 厘米厚的三合土相连，在靠左端处，减少为一层平砖。（图版一七：2）

主券顶之下、左右室之间，叠砌的平砖中部达十五层，从上至下第一层为横向平砌，第二层则纵向平砌，依次向下，最下一层即第十五层为横向平砌，砖缝间用石灰填抹，厚度约 0.9 米。距中部越远，叠砌的平砖层数越少，最边缘处，即平砖叠砌部分与左、右室券顶中央相接处仅平铺一层青砖，且青砖朝向左、右室券顶中央的一端被削成三角形，使二者衔接牢固。第一层上部还铺垫有一层约 3.6 厚厘米的三合土，承接主券顶中部。叠砌的平砖规格可分为两种：一种较厚，长 33~35、宽 16~17、厚 6~6.5 厘米，可称之为“厚砖”；一种较薄，长 27~29.8、宽 13.2~13.6、厚 3.3~3.6 厘米，可称之为“薄砖”。第一、二层用厚砖平铺，第三层用薄砖平铺，以下第四至十五层为一层厚砖、一层薄砖，依此类推。

主券顶之下、左室券顶左侧、右室券顶右侧分别亦用青砖铺砌。左室左侧砌筑十层，上部通过一层厚约 0~1 厘米的三合土承接主券顶的左侧。第一、二、三层用斜面砖呈左低右高的斜坡状铺砌，第一、三层横向，第二层纵向，第一、二层之间有较厚的三合土层。第三层之下为厚约 4 厘米的三合土。从第四层开始均为平砌，第四、六、八、十为纵向的薄砖，第五、七、九为横向的厚砖。斜面砖分两类，一类以薄砖加工，边缘仅厚 1.2 厘米；一类以厚砖加工，长 20.8、宽 16.8、前端厚 1.4、后端厚 6 厘米（砖面仅一段被削成斜面），或长 33.3、宽 16.5~17、厚 1.6~3.5 厘米（砖面整个被削低）。右室右侧砌筑十四层，第一 ~ 六层用厚砖呈左低右高的斜坡状铺砌，第一 ~ 四层为横向，第五、六层为顺向，第四、五、六层之间有较厚的三合土黏结。以下第七、九、十一、十三为横向的厚砖平砌，第八、十、十二、十四层用顺向的薄砖平砌。

（2）左室

左室前部紧贴主封门，为纵长方形券顶，通长 4.4、高 2.2 米，内长 3.4、宽 1.04、高 1.24 米。

前、后、左、右四壁及券顶均用青砖砌筑而成。前壁即左室的封门，并列横向错缝平砌 19 层砖，外部紧贴封门，内壁有大量的白灰浆从砖缝内被挤压渗流而出。后壁为四重砖墙，每重砖墙均为横砖错缝平砌，共十四层，最上一层砖较薄。内壁平整光滑，涂饰有红色颜料；外壁应与生土相接。左壁共四重砖墙，均为顺向平砌，每层砖为单砖纵向排列。第一重（最内侧一重）与第二重砖墙之间有厚约 1~2 厘米的石灰浆层，其余各重砖墙之间也有石灰浆，但厚度不明显。第一重砖墙平砌十四层，第一、二重砖墙主要支撑左室券顶，第三、四重砖墙主要承受主券顶之重。左侧砖墙的内壁平整光滑，涂饰有红色颜料；外壁则被封土覆盖。右壁砖墙为单重，纵向平砌十四层，内壁平整光滑，涂饰有红色颜料；外侧为两室之间的隔墙，与隔墙之间有厚约 2 厘米的一层石灰浆。隔墙为纵横交错的平砖叠砌，共十七层，高 1.3、厚 0.36 米。券顶从下往上可分为三重，第一重下部纵向叠涩五层砖，上部横向侧砌差不多三层至券顶，顶部横向侧砌一完整的青砖；第二重与第一重砌法相同；第三重下部砌法与第一、二重相同，上部则为纵向侧砌叠涩砖至券顶。券顶内壁砖缝中亦垂流出大量的白灰浆。墓底铺砖共三层，为横向错缝平砌，厚约 0.2 米，在最下层有四条纵向的排水道。（图版一八：1~3）

左室内壁的红色颜料经过检测分析，显色物质为 Fe_2O_3，即颜料为土红（详见附录一《洪起畏夫妇合葬墓红色颜料分析》）。

左室被盗扰十分严重，前、后、左、右均发现有盗洞。前部的盗洞位于券顶左前角，平面略呈长方形，长 0.64~0.7、宽 0.6~0.72 米；后部盗洞位于后壁中部偏右，从封土顶部地表，穿透封土、后壁，直达墓室。此盗洞准确度很高，且工程量不小，在后壁的截面略呈长方形，宽 0.58~0.78、高 0.23~0.4 米；左壁中部被盗凿一大洞，其中发现 1 件人的头颅及部分乱砖；右壁也被凿开一个洞，穿透了两室之间的隔墙，通向右室。墓室内杂土基本被翻动过，比较松软，包含大量砖块、灰渣等。（图版一九：1~4）

头颅经鉴定为 30~40 之间的女性头骨（详见附录二《洪起畏夫妇合葬墓出土人骨的观察与测量》）。

左室中部及前部残存有棺木朽痕及漆皮，尤其是中部的朽痕叠压数层，其中发现大量的黑色朽物、朽木和红色漆皮。经过清理和解剖，基本可以确定为两层套棺，外棺基本占据了墓室的绝大部分空间，宽 94 厘米，外髹红褐色漆，板宽 8 厘米，两侧距离墓壁仅 3~7 厘米。内棺宽 0.76 米，髹朱红色漆，漆皮下粘附有数层黑色柔软的朽物，其中还有布纹的痕迹，可能是棺板上打底的漆灰，并用麻布加固。内棺两侧距离外棺 9 厘米。人骨仅发现头骨及部分肢骨，头部已被扰动至左壁盗掘的洞内，肢骨主要发现于墓室中部和前部。

墓室底部有 4 条前后向的石灰条带，断面略呈半圆形，呈竹节状，直径 4~4.5 厘米，节长 21~26.5、28~31 厘米。间距 16~18 厘米，较为均匀。其距离两侧砖壁 20 厘米。从左往右，第 1 根现长 206、第 2 根长 126、第 3 根长 142、第 4 根长 154 厘米，前端距离主封门砖墙 23 厘米。推测是将白灰灌入半圆形的竹竿内，并均匀铺设于墓底，以利棺木下放和移动，

并起到吸水防潮的作用。（图版一八：4）

墓室扰土中发现“熙宁通宝”铜钱 1 枚。

（3）右室

右室前部紧贴主封门，左侧与左室相连接，亦为纵长方形券顶，通长 4.44、高 2.2 米，内长 3.4、宽 1.1、高 1.24 米。

右室与左室结构基本相同，四壁及券顶均用青砖砌筑而成。前壁遭到严重破坏，仅剩横向平砌的两层砖。左、后、右壁及券顶的顺向侧砌砖内壁均涂饰有红彩。铺地砖横向平砌三层，第一层砖长 32~32.5、宽 16、厚 5.8~6 厘米；第二层砖长 32、宽 16.8、厚 6.8~7.2 厘米；第三层砖长 36~36.5、宽 17.4~17.6、厚 7~7.2 厘米。第三层砖间留设排水道，排水道距离左、右壁均 18 厘米，宽 5.5、深 7~7.2 厘米，水道之间间距 65.5 厘米。（图版二〇：1）

右室也被严重盗扰。前部一个盗洞位于券顶前部中央，平面略呈长方形，长 0.44~0.58、宽 0.28~0.36 米，穿过券顶达墓室。墓底后部的铺地砖被揭开至底，宽 1.1、长 0.6~0.82、深 0.2 米。中部偏左位置的铺地砖也被揭去一块，长 0.36、宽 0.2、深 0.2 米。右壁和左壁均有盗洞。右壁有前、后两个盗洞，后部盗洞距离后壁 0.25 米，距墓底铺地砖 0.13 米，宽 0.64~0.73、高 0.84、深 0.5~0.76 米；前部盗洞距后部盗洞 1.5 米，距铺地砖 0.2 米，宽 0.46~0.6、高 0.76、深 0.2~0.76 米。左壁盗洞位于中部偏后，即左室右壁盗洞，贯穿主室左、右两室。（图版二一：1~4）

墓室内有大量堆土及砖块、砖渣，但室内较为干燥，淤泥极少。墓室近底处的土层中发现大量腐朽的棺木痕和红色漆皮，漆皮朱红，下粘附三、四层黑褐色的漆灰痕和褐色的麻布纹，朽烂叠压于一起，难以辨清棺木的形制（图版二〇：2）。在墓室前端右部发现一道前后向的黑褐色朽木痕，上有红色漆皮，距离右壁 17 厘米，距离主封门墙 28 厘米。另外在墓室前部发现棺板一块，褐色的木板上髹朱红色漆，长 92、宽 22.5、厚 3.8 厘米。墓室中部发现股骨、肋骨等零星人骨。

随葬品基本被盗一空，仅于墓室中、前部的棺木朽痕中发现铜钱若干枚。基本完整者 15 件，包括太平通宝、明道元宝、治平元宝、熙宁元宝各 1 件，咸平元宝、元丰通宝各 2 件，皇宋通宝、元祐通宝各 3 件，字迹不清者 1 件。另有铜钱残片若干。在右室右侧的扰乱土中发现开元通宝铜钱 1 串（6 件）。

左右两墓室四壁砖长 35.5~35.8、宽 17.5~18、厚 7 厘米。券顶顺向砌砖，下层砖较薄，长 29.5、宽 10.4~10.5、厚 3~4.7 厘米；上层砖较厚，宽度与上层砖一致，长 29~29.5、厚 5.9~6.2 厘米。券顶横向砌砖宽度与顺向砌砖基本一致，长 13~15.5、厚 5.8~6.3 厘米。

墓室内红色漆皮经过检测分析显色物质为 HgS，即红色颜料为朱砂。（详见附录一）

第五节　排水道

排水道位于主室、墓前建筑及左抱手横向部分的底部，并向前曲折延伸至左抱手之外，整个平面后部呈矩形，前部呈“Z”字形，均用青砖砌筑，水道内部多被黑色泥土淤塞。

（图一四）

根据排水道所在位置及平面形状，可将排水道分为主室底部、矩形和“Z”字形三个部分。

一　主室底部部分

主室的左、右室墓底均铺砌三层青砖，在最下层各有四条纵向的排水道，排水道前、后端均有一条横向排水道将四条纵向的连接起来。纵向排水道长3.4、宽0.11、深0.06米，横向排水道贯穿主室的左、右两室，长约4.02米，宽、高与纵向排水道基本相同。此部分排水道后高前低，但坡势较为平缓，前后高差仅约0.05米。（图版二二：1）

二　墓前建筑部分

主室底前部横向排水道中部及左、右两端各留一个向前的开口，从封门石条底部向主室正前伸出约3.3米，之后再铺砌4.2米长的横向排水道将三条纵向排水道接通，整个平面呈矩形，上部与石质封门与砾石垣墙相对应。（图版二二：2）

三条纵向排水道相互平行，后高前低，尤以中间一条坡度最大，前后高差为0.15米。原因是其上覆压有一道高0.5~1.1米的前后向砾石垣墙，压力导致前部下沉较多。纵向左侧排水道从主室内前部横向排水道向前并列伸出横向砖共22块，在靠近封门外侧又砌一砖；中部排水道向前横向并列23块砖，前部略向左侧弧偏，与左侧排水道后端相距1.45米，前端相距1.2米。右排水道上覆压有砾石

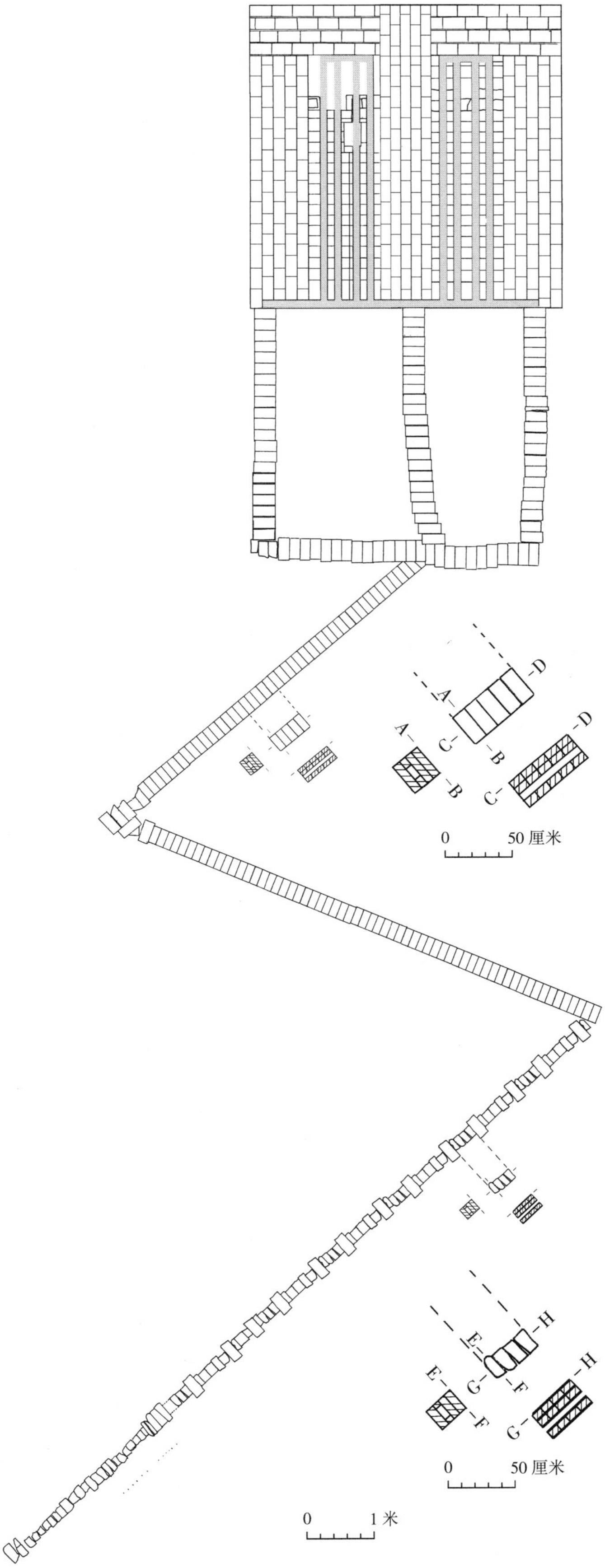

图一四　M31排水道平、剖面图

垣墙，故砖的数量无法得知，不过从其形制和长度推测应和左排水道一样为22块砖；中、右排水道后端间距1.85米，前端间距2.15米。左、中、右三条纵向排水道的砌法，最下部为平砖横向砌筑一层作底，其上两侧顺砖平砌，顺砖之间留置排水通道，上部平砖横向两层盖顶。横向排水道与纵向排水道砌法规格一致，均为宽0.34、深0.25米左右，其中右端三块为残砖，两块为宽10.5厘米的窄砖。

三　左抱手及其以外部分

矩形部分前部横向排水道的中部向前留有开口，自此开口始，排水道呈“Z”字形向右前部延伸，依次穿行于墓前建筑拜坛、地坪、拜坛、地坪、外水渠底部后，再深入左抱手横向部分底部，并延伸至其右前方。整个“Z”字形部分排水道前低后高，坡势较急，高差达2.96米。（图版二三）

根据“Z”字形部分的走向可将其分为后、中、前三段。

1. 后段

从矩形部分前侧中部开始，朝正前偏右43°的方向延伸至地坪右侧中部，是为后段。全部青砖砌筑，上部两层横向平砖，中部两侧顺砖平砌，之间留0.6米左右的宽度作为排水通道，下部再一层平砌的横砖，形成一个封闭式的排水道。后段上部依次对应墓前建筑的拜坛、右侧地坪，长约6.1、宽约0.26、高约0.24米；后高前低，高差约0.3米。

2. 中段

排水道以地坪右侧中部为拐点，向左折拐110°方向，再向左前延伸至外水渠前部，是为中段。此拐点距地表深约0.6米。中段砌法及宽、高与后段相同。上部依次对应墓前建筑的地坪、拜坛、地坪、外水渠，长约7.6米；后高前低，高差约0.36米。

3. 前段

在中段前端，排水道又向右折拐108°方向，向右前延伸至左抱手横向部分外侧，是为前段。此拐点距地表深约1.6米。此段排水道砌法及宽、高与中段基本相同，但砖的规格较小，长26.5~28、宽13~13.5、厚3.5厘米，且上部两层横向砖局部使用半块来平铺。前段上部对应左抱手横向部分中右部，大部分延伸至左抱手之前，长约11.5米；后高前低，高差约0.7米；最前端距地表深约2.3米。

整个排水道总长约32.5米，宽0.11~0.26米，高0.06~0.25米，前后高差达3.16米。

第六节　遗　物

洪起畏夫妇合葬墓因盗掘遭到严重破坏，除墓室垣墙内发现的两块墓志外，墓内随葬品被盗掘殆尽，仅发现铜钱37件（串），出土于主室内填土、墓室右侧和前部扰乱土中。因墓志内容较多，下面单辟章节介绍，此处仅介绍其出土铜钱的情况。

左室填土中发现熙宁元宝铜钱1件，编号M31∶5，篆书，旋读。径约2.5、厚约0.1厘米。（图一五：11；图版二四：1）

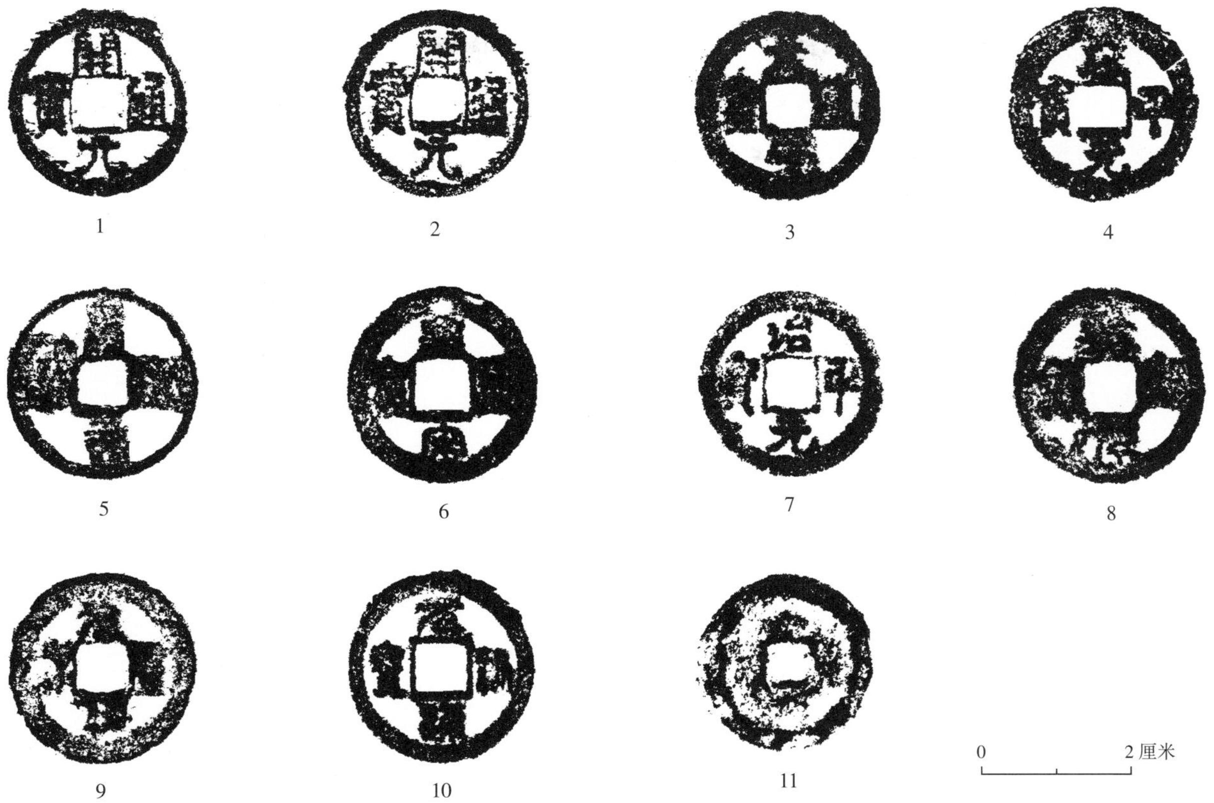

图一五　M31出土铜钱拓片

1、2. 开元通宝（M31∶3）　3. 太平通宝（M31∶4）　4. 咸平元宝（M31∶4）　5. 明道元宝（M31∶4）　6. 皇宋通宝（M31∶4）　7. 治平元宝（M31∶4）　8. 熙宁元宝（M31∶4）　9. 元丰通宝（M31∶4）　10. 元祐通宝（M31∶4）　11. 熙宁元宝（M31∶5）

右室填土内出土铜钱15件，编号M31∶4。铜钱均已受到不同程度的锈蚀，字迹比较模糊，绝大部分仍可辨认，包括其中太平通宝、咸平元宝、明道元宝、皇宋通宝、治平元宝、熙宁元宝、元丰通宝、元祐通宝等。

太平通宝　1件。楷书，对读。径约2.4、厚约0.1厘米。（图一五：3；图版二四：2）

咸平元宝　2件。规格一致。楷书，旋读。径约2.5、厚约0.1厘米。（图一五：4；图版二四：3）

明道元宝　1件。字迹较为模糊，楷书，旋读。径约2.5、厚约0.1厘米。（图一五：5；图版二四：4）

皇宋通宝　3件。字迹清晰，篆书，对读。径约2.5、厚约0.1厘米。（图一五：6；图版二四：5）

治平元宝　1件。字迹清晰，楷书，旋读。径约2.5、厚约0.1厘米。（图一五：7；图版二四：6）

熙宁元宝　1件。篆书，旋读。径约2.5、厚约0.1厘米。（图一五：8；图版二四：7）

元丰通宝　2件。篆书，旋读，尺寸相同，径约2.5、厚约0.1厘米。（图一五：9；图

版二四：8）

元祐通宝 3件。篆书，旋读。径约2.5、厚约0.1厘米。（图一五：10；图版二五：1）

还有1件字迹模糊无法辨认，径约2.4、厚约0.1厘米。

墓室右侧扰乱土中发现开元通宝铜钱1串（6件），编号M31 ：3。铜钱均已受到不同程度的锈蚀，其中1件保存较好，字迹较清晰，楷书，对读，径约2.4、厚约0.1厘米。（图一五：1、2；图版二五：2）

另在墓室前部的扰乱土中出土铜钱35件，计有开元通宝（图版二五：3）、绍定通宝（图版二五：4）、熙宁元宝（图版二五：5）各1件，其余32件锈蚀胶结为一串（图版二五：6），两面各见开元通宝（图版二五：7）、圣宋元宝（图版二五：8）字样。

第三章　洪起畏夫妇墓志释读

第一节　洪起畏墓志及考释

一　洪起畏墓志

洪起畏墓志正面刻志文、背面盝顶无文。出土时紧贴右室封门石条放置，背面朝外，正面朝内，正对右室中部，底面和上端边缘以白灰黏合固定，下端中部再横放一块大砾石加固。墓志长 80.5、宽 80、通厚 13.5 厘米；背面长 69.5、边缘厚 6.9 厘米。志石侧面刻卷草纹。志文四面边缘刻缠枝花卉纹，分别为荷花、梅花、牡丹、芙蓉，四面边缘均浅刻一条边栏。志文同花卉纹之间以双线勾栏。该墓志为自述墓志，志文共 20 行，满行 46 字。字口浅而细，字形小，行草体，文字隽雅潇洒。现录文如下（/ 为换行符号）。（图一六）

拙全老人姓洪氏，名起畏，字义立，世居天目山下。宝庆丁亥，侍　大父避水徙临安，遂家焉。曾祖钺，太子少师。祖考/

咨夔，端明殿学士□□□□□兼修国史兼侍读赠太师申国公赐谥忠文。祖妣阮氏，周国夫人。考勳，特进、端明殿学士，/

谥文靖。妣施氏，永宁郡□人。起畏幼为大父母所爱，鞠育教诲，恩宜备至，口授经史，跬步不相离，读书通大义，为文/

粗知法度。大父□端平丙申六月，大父薨于位，起畏时年二十有一。以遗表□自通仕□，试吏部试□历，应格初筮[1]/

筦库，以廉谨□□州事。上官参政吴公渊、马公光祖、吏部王公致远迭为□□者□□於属吏少所许可，独被赏识，招置/

□□□第遇之为□□□若友不得罪于百姓，三先生之教也！吴、王二先生尤见器重。尝从答诉，起畏曰：察子熟矣！心甚/

平□气过於□□□□□利于仕，然不可以此改其度。自是浮沉州县倚二十年[2]，

[1]“应格”指合格，符合标准。宋叶梦得《石林燕语》卷一：“故事，台官皆御史中丞知杂与翰林学士互举。其资任须中行员外郎以下，太常博士以上，曾任通判。人未历通判，非特旨不荐，仍为里行。此唐马周故事也。议者颇病太拘，难于应格。”“初筮”当为“初试”，指初次试用。《后汉书·度尚传》：“（抗徐）初试守宣城长，悉移深林远薮椎髻鸟语之人置于县下，由是境内无复盗贼。”

[2]《宋史》卷三八〇《勾龙如渊传》：“勾龙如渊字行父，永康军道江人。勾姓本出古勾芒，高宗即位，避御名，更勾龙氏。政和八年，登上舍第。沉浮州县二十年，以张浚荐，召试馆职。”

图一六 洪起畏墓志拓片

游回坎懔[1]，如二公言。景定庚申，吴公潜相/

□枝之既(允)散，□拙育台为□。寻 贾公似道继相，后授以郡守，处□□，又为枢掾，为宰属，出为浙右宪，擢卿□府转漕畿，浙/

□□受公曰法为公於撼□□□归数月，起守洄，固辞。 上弗许，不得已乃从，时咸淳甲戌九月也。往未几，江上有警，贾公出视师。/

□□起畏仍卿，列充参谋，官随军转运。时大将孙虎臣畏惧弗战，公怒，将□面坐以军法，客廖莹畀王庭□其误，虎臣即阳为/

战，船锋甫交，解舟先退，军失帅，顷溃。公驻真、扬间收合散卒，谋再举。或传

[1] 坎廪（懔）：困顿；不得志。《楚辞·九辩》："坎廪兮，贫士失职而志不平；廓落兮，羁旅而无友生。"

公已死于县。参政陈宜中本公所引，闻报以为惊遽[1]，奏 /

罢公□□其位而公未尝能也。则又诬以有异志，谪建，谪楯士，凡出公门□□。予亦削籍流广邑。而　　太皇悔悟，语少常 /

□□国□□宜中□推丞行留梦炎为同列以助己。梦炎尝有憾于公者也。因合谋私遣小校郑虎臣杀公于道。公死，国事益急。/

德祐乙亥冬□□顺朝□□□□二相弃君后遁去，仓卒相吴公坚诸保用慈人，予亦除秩还里，令下而都□□□问阋阴 /

阻濒死者厚生□□於欲攘，仅余想在亦不得而讬处焉。迺厚先□□于下，率家人躬耕织以给衣食，念昔所遵不□□室 /

今日予□病忠懥，名皙损以自警。晚读诗史，有会于心，即号拙全。生平始终，此可概见。室郎氏赠宜人，生子坤厚，次谦厚，/

母曰郎。次贤厚，母曰周。周实继郎主家事，贤厚孝友而好学，迺先我而逝，　此暮年一大憾。女四：福厚、端厚、淑厚、静厚。进士郎鼎臣，众 /

望扬措□字□其增也□□□比赘于室，异时左右孤弱将有望焉。今年□□□无几，豫笔此援（授）□□及□俾俟其殁，/

刻而纳诸圹。明戒以死即葬，勿受吊赙，勿设斋会，勿求侈宅，速速□□。生之年曰嘉定丙子二月□，终之甲午七月二十日，/

得年七十有九。葬于邑之福昌乡 下湖畈，其自卜也。千岁之下，陵谷变迁；仁人君子，幸为揜之。/

二　洪起畏墓志考释

拙全老人姓洪氏，名起畏，字义立，世居天目山下。宝庆丁亥，侍大父避水徙临安，遂家焉。曾祖钺，太子少师。祖考咨夔，端明殿学士□□□□□兼修国史兼侍读赠太师申国公赐谥忠文。祖妣阮氏，周国夫人。考勳，特进、端明殿学士，谥文靖。妣施氏，永宁郡□人。

墓志云洪起畏号拙全老人，“世居天目山下”，其曾祖为洪钺，祖父为洪咨夔，死于“端平丙申六月”，即南宋理宗赵昀端平三年（1236 年），当时洪起畏 21 岁。

洪起畏的祖父洪咨夔，《宋史》有传，在理宗朝曾任监察御史、殿中侍御史、中书舍人、吏部侍郎等官职，后拜翰林学士知制诰、端明殿学士，以忠悫直谏闻名。

洪咨夔字舜俞，於潜人。嘉定二年（1209 年）进士，授如皋主簿，寻试为饶州教授。授籍田令、通判成都府。后升任秘书郎，迁金部员外郎。后与王遂并拜监察御史。擢殿中侍御史，后为中书舍人，寻兼权吏部侍郎，与真德秀同知贡举，俄兼直学士院。迁吏部侍郎兼给事中。擢给事中，进刑部尚书，拜翰林学士、知制诰。加端明殿学士。洪咨夔上书

[1] 遽，恐惧，战栗。《广雅释诂》：“遽，惧也。”《广韵御韵》：“遽，战栗也。”

罢汰冗员，“进君子，退小人，如真德秀、魏了翁当聚之于朝。帝是其言”[1]，朝纲大振。端平元年，又上书下诏求直言。死后，理宗皇帝御笔“洪咨夔鲠亮忠悫，有助新政，与执政恩例，特赠两官”[2]。洪咨夔著述甚丰，其遗文有《平斋文集》32卷、《平斋词》1卷，内容涉及诗、词、赋、制、告等，“自号平斋”。郎氏墓志称“平斋忠文洪公咨夔”。《咸淳临安志》卷六十七《洪咨夔传》云：“拜翰林学士、知制诰、兼侍读、兼修国史、除端明殿学士，领内祠，仍史读。六月薨，转四官……又赠两官，谥忠文。”[3]墓志云“咨夔端明殿学士、□□□□□兼修国史、兼侍读、赠太师、申国公，赐谥忠文”，同史书记载相符。洪咨夔在诗词方面造诣很高，他“研穷经史，驰骛文艺，蔚为近世词宗，自号平斋。有《两汉诏令》三十卷，《揽抄》一百卷，《春秋说》三卷，外、内制及赋、诗文三十二卷”[4]，其他著作还有《论语注》、《孟子注》、《通鉴纲目注》、《荀子庄子注》、《杜诗注》等[5]。据墓志，洪咨夔死于“端平丙申六月”，即南宋理宗赵昀端平三年。宋黄震《戊辰修史稿·端明殿学士洪咨夔》：“六月己丑，薨于在所寓舍，年六十一。”[6]又《平斋文集》卷三一《亡弟子文圹志》：“琥，字子文，生于淳熙丁酉（1177年）二月丙子，后余一岁。”可知洪咨夔生于孝宗淳熙三年（1176年），墓志记载其死于“端平丙申六月”，即南宋理宗赵昀端平三年，享年61岁。

宝庆元年（1225年），洪咨夔因上书指责公卿获罪，被贬官，回家乡於潜，读书于西天目山下宝福寺。他的藏书甚丰，达一万三千多卷，其中不少是在四川任职所得。魏了翁《鹤山集》卷四十九《洪氏天目山房记》云：“宝庆元年，吾友洪舜俞自考功郎言事，罢归於潜，读书天目山下，宝福僧寺寺靓深舜俞，合新故书得万有三千卷，藏之闻复阁下，如李氏庐山故事，而移书于靖，属予记之。”[7]洪起畏墓志云“宝庆丁亥，侍大父避水徙临安，遂家焉”。宝庆丁亥指理宗宝庆三年（1227年）。《宋季三朝政要》卷一《理宗丁亥宝庆三年》云：“洪咨夔为吏部郎官，寻除监察御史，升殿中侍御史。弹监察御史王定。定左迁，咨夔已出台，改中书舍人”；又云：“咨夔除端明学士，薨于位”[8]。据《宋史·洪咨夔传》及《咸淳临安志》等书记载，可知洪咨夔召为吏部郎官是在绍定六年（1213年），以下除监察御史、升殿中侍御史、改中书舍人等任命，也均在绍定六年以后。宋人吴咏《鹤林集》卷六载有《洪咨夔授试中书舍人制》，宋人许应龙《东涧集》卷三载有《翰林学士洪咨夔除端明殿学士提举万寿观兼侍读诏》[9]。据清《一统志》、《杭州府志》、《於潜县志》，“洪咨夔墓在於潜县北三十里嘉前乡，其子洪勳亦葬於潜”[10]。

---

[1]《宋史》卷四一《理宗纪》，第799页，中华书局，1977年。

[2]《宋史》卷四〇六《洪咨夔列传》，第12264~12267页，中华书局，1977年。

[3]（宋）潜说友：《咸淳临安志》，第700页，浙江古籍出版社，2012年。

[4]《咸淳临安志》，第2435页。

[5]（清）程兼善纂修：《光绪於潜县志》，载《中国地方志集成·浙江府县志辑10》，第170页，上海书店，1993年。

[6]（宋）黄震：《戊辰修史稿·端明殿学士洪咨夔》，张寿墉辑：《四明丛书》第二集，广陵书社，1981年。

[7]（宋）魏了翁撰：《鹤山先生大全文集》卷四九《洪氏天目山房记》，《四库全书》第172册。

[8]（元）佚名撰、王瑞来笺证：《宋季三朝政要笺证》，第31页，中华书局，2010年。

[9]《宋季三朝政要笺证》，第32页。

[10]姚祖义纂：《临安县志补》，载《中国地方志集成·浙江府县志辑7》，第382页，上海书店，1993年。

洪氏先世于唐代从鄞迁至於潜，聚族于天目山下。洪咨夔《於潜洪氏谱系图序》云："洪姓有两出，一避唐孝敬帝及本朝宣祖讳，易弘为洪。一伏羲神农间，共工以水德伯九州，其子勾龙为后土，后裔封于共为共氏，汉末避仇益水为洪。吾宗共伯之胄也。聚族天目山下，以东洪名其村，无虑六七十家。耆旧相传，始祖自四明挈家奉母来今西庄下，担墓犹无恙。每岁除家祀，所谓渡江祖席地用古礼，而所从岁月漫不可考。然自始祖至于今不翅十五六世，一世三十年，当是唐中叶徙居於潜谷口矣……绍兴己酉，裔孙珏首考世系派别，为图藏于家。其后斌又采之，为祖宗讳第，图讫于己卯，去今六十八年，枝叶益蕃，不可无纪。余自郎曹罢归，地偏日永，因汇萃而序之。"[1]该序末尾云"宝庆丙戌六月庚寅十五世孙某序"，说明到洪咨夔於潜洪氏已经是第十五代了。

洪咨夔的祖父为洪载，字彦积，号耐翁。父亲洪钺，号谷隐。母徐氏。宋黄震《戊辰修史稿·端明殿学士洪咨夔》载："咨夔字舜俞，其先自鄞徙杭，家天目山。"[2]《咸淳临安志》卷二十六《记文洪氏可庵》云："临安天目山之西麓有逸民洪载，字彦积，自号耐翁，以力农起……翁之孙咨夔以儒学登第，且试学官，中其科，今分教饶学。"[3]又同书卷六十七《人物志》云："洪咨夔字舜俞，於潜人。父钺，号谷隐，有诗名。"[4]《光绪於潜县志》云洪载"性嗜泉石，见天目紫薇岩右峭壁崚嶒，呼仆具备锸，翦榛翳，筑亭飞云顶，命曰'盘云'，岩石下小筑数椽，扁曰'可庵'，为宴游藏息之所"，"子钺，号谷隐，有诗名，著有《谷隐诗集》"[5]。墓志云洪钺曾为"太子少师"，不见于文献记载，可补缺。《宋史·洪咨夔传》云："丁母忧，服除，应博学宏词科。"《平斋文集》卷四《先妣忌日发昭化》："官三年矣母安在，天一方兮儿欲归。""官三年"指授如皋主簿后的三年，即开禧元年（1205年），可知洪母卒于此年或之前。按照宋代父母死守制三年的规定，洪咨夔应是在其母去世三年后才能应博学宏词科，推算其母可能卒于嘉泰二年（1202年）。[6]

洪咨夔的夫人为阮氏，被封为周国夫人。有三子，分别为洪勳、洪焘、洪熹。洪勳字伯鲁，"以锁厅登淳祐四年进士第，少为崔与之、魏了翁所知，仕至兵部尚书，尝为词臣发明先皇与□子之意，人称其有父气骨，赠端明殿学士，谥文靖"[7]。洪起畏墓志云："考勳，特进、端明殿学士，谥文靖"，二者相符。《光绪於潜县志》云："洪勳字伯鲁，咨夔长子，登淳祐四年进士第，少为崔与之、魏了翁所知，仕至兵部尚书，尝为词臣发明先皇与子之意，人称其有父气骨。卒，赠端明殿学士，谥文靖。"[8]《咸淳临安志》卷六十一《国朝进士表》记载洪勳为淳祐四年进士，曾任两浙转运副使、户部侍郎等职；同书卷四十九《秩官七》记载洪焘为临安府人，景定元年十月十八日"以朝奉大夫秘阁修撰两浙转运副使兼知，十一月

[1]《平斋文集》卷十，《四部丛刊续编》集部，商务印书馆，1934年，上海涵芬楼影印。
[2]张寿镛辑：《四明丛书》第二集，第915页，广陵书社，1981年。
[3]《咸淳临安志》，第305~306页。
[4]《咸淳临安志》，第2431页。
[5]《光绪於潜县志》，第224页。
[6]刘荣平、丁晨晨：《洪咨夔行年考》，《中国韵文学刊》，2011年第4期。
[7]《咸淳临安志》，第2435~2436页。
[8]《光绪於潜县志》，第170页。

初三日除户部侍郎仍兼。二年四月四日除吏部侍郎仍兼，五月四日焘免兼”；卷五十《两浙转运》记载洪焘“景定元年五月为运判，九月升副使，十一月除户部侍郎知临安府”[1]。《宋史》卷四五《理宗纪》：景定元年十一月丙寅，“洪焘知临安府兼浙西安抚使”[2]；咸淳九年九月乙未，“以洪焘为浙东安抚使”[3]。洪熹文献未见记载。洪勳的夫人施氏为“永宁郡□人”。《宋史·地理志》记载广南西路之邕州，“都督府，永宁郡，建武军节度。开宝五年，废朗宁、封陵、思龙三县。大观元年，升为望郡。绍兴三年，置司市马于横山砦，以本路经略、安抚总州事，同提点买马，专任武臣；隆兴后文武通差。宝祐元年，兼邕、宜、钦、融镇抚使。元丰户五千二百八十八”[4]。理宗嘉熙二年八月甲申，“封宫人谢氏为永宁郡夫人”[5]。燕王赵俣、孝宗成穆郭皇后的父亲瑊等人曾被封为“永宁郡王”。

墓志记载洪起畏生于“嘉定丙子二月”，即南宋宁宗赵扩嘉定九年（1216 年）；终年七十九岁，即元世祖忽必烈至元三十一年（1294 年），同墓志记载的“甲午”年相吻合。郎氏墓志记载洪起畏曾为“奉议郎新差知处州军州兼管内劝农营田事”。奉议郎唐代始置，由原来的通议郎而改，为从六品上的文散官。《新唐书·百官志》记载吏部郎中，“正六品上曰朝议郎，正六品下曰承议郎，从六品上曰奉议郎，从六品下曰通直郎”[6]。宋代劝农官分为路、州、县三级，州级官员多为“兼管内劝农使”，路级官员则为“兼本路劝农使”，县级官员为主管劝农公事[7]。《咸淳临安志》卷五十《两浙转运》记载洪起畏咸淳八年七月为运判，十月罢[8]。洪起畏曾知临安府，后知镇江府，在元兵攻打镇江时未战先遁。《宋史·陈文龙传》：“知临安府洪起畏请行类田，似道主其说，文龙上疏以为不可，似道怒，寝其疏。”[9]《宋史·瀛国公纪》咸淳十年八月，“知镇江军洪起畏直敷文阁”[10]。德祐元年二月壬戌，“大元兵徇饶州，知州唐震死之，故相江万里赴水死，通判万道同以城降。沿江制置大使赵溍、知镇江府洪起畏、知宁国府赵与可、知隆兴府吴益皆弃城遁”[11]。宋周密《癸辛杂识》：“洪起畏知京口日，乃北军入境之初，尝大书揭榜四境，曰：‘家在临安，职守京口。北骑若来，有死不走。’其后举郡以降，或为人改其末句云：‘不降则走’。”[12]《宋史》卷四五二《陶居仁传》：“北兵攻镇江，守臣洪起畏遁，统制官石祖忠举城降，居仁见执”。《宋季三朝政要》卷五：“（元兵）入镇江府，守臣洪起畏遁。京口，京都第一重门户，而失之，行阙岌岌乎危矣！统制石祖忠以城降。”[13]《元史》卷一二七《伯颜传》：

[1]《咸淳临安志》，第 1735~1736、1767 页。
[2]《宋史》卷四五《理宗纪》，第 875 页。
[3]《宋史》卷四六《度宗纪》，第 916 页，中华书局，1977 年。
[4]《宋史》卷九〇《地理六》，第 2240 页，中华书局，1977 年。
[5]《宋史》卷四二《理宗纪》，第 817 页。
[6]《新唐书》卷四六《百官志一》，第 1187 页，中华书局，1975 年。
[7] 耿元骊：《宋代劝农职衔研究》，《中国社会经济史研究》，2007 年第 1 期。
[8]《咸淳临安志》，第 1768 页。
[9]《宋史》卷四五一《陈文龙列传》，第 13278 页，中华书局，1977 年。
[10]《宋史》卷四七《瀛国公纪》，第 922 页，中华书局，1977 年。
[11]《宋史》卷四七《瀛国公纪》，第 926 页。
[12]（宋）周密：《癸辛杂识》，第 181~182 页，中华书局，1988 年。
[13]《宋季三朝政要笺证》，第 387 页。

“（至元十二年三月癸酉）知镇江府洪起畏遁，总管石祖忠以城降。知宁国府赵与可遁，知饶州唐震死，而江东诸郡皆下。”[1]德祐元年三月，“责洪起畏镇江自效”[2]。

墓志云“宝庆丁亥，侍大父避水徙临安，遂家焉”，说明洪起畏于理宗宝庆三年（1227年）迁至临安，迁徙的原因是“避水”，估计是指宝庆二年因“久雨”导致洪水而言。《宋史》卷四一《理宗纪》：宝庆二年（丙戌 1226 年）三月癸酉，“以久雨诏大理寺、三衙、两浙运司、临安府诸属县榷酒所，凡赃赏等钱，罪已决者，一切勿征，毋锢留妻子”[3]。八月甲午，以久雨，蠲大理寺、三衙、临安府点检提领酒所赃赏钱[4]。《宣统临安县志》云洪咨夔“初籍於潜，后徙居于邑西之新溪”[5]。《临安县志补》认为洪咨夔徙居新溪，“然亦不过寓贤”，不能列入临安名臣录里，洪氏后裔迁临安，“后与俞姓及於潜洪氏等讼争祭田”[6]。元代，洪咨夔的后人有洪乔祖和洪信翁，均学道于高峰大师门下[7]。清代，（宋端明殿学士洪文忠公后裔）洪恩宣“生性倜傥，有志于忠义”，为招抚山寇深入贼巢，遇害，县令“高其义，为之勒碑，置田七亩，给其子以祀”[8]。

洪起畏从小跟随祖父洪咨夔，“幼为大父母所爱，鞠育教诲，恩宜备至，口授经史，跬步不相离”。洪咨夔死后，洪起畏“以遗表□自通仕□，试吏部试□历，应格初筮筦库”，在州县曾任低级官吏近二十年。贾似道任宰相后，开始历任郡守、枢掾、浙右宪司、漕畿，在贾似道率军前往芜湖会战时备充参谋，官随军转运使。芜湖兵败后，贾似道被革职、流放，洪起畏也被“削籍”，流放云南广邑。德祐元年（1275 年）冬天，元兵逼近临安，南宋危如累卵，留梦炎、陈宜中“二相弃君后遁去”，吴坚任丞相，洪起畏“除秩还里”。可能因为有逃跑和流放的经历，所以《临安县志》中未曾收录洪起畏。郎氏死后，洪起畏又娶周氏，总共有三子四女。三子中，坤厚、谦厚为郎氏所生，贤厚为周氏所生。郎氏墓志记“封子男女各一，男坤垕，习进士”，说明洪起畏同郎氏至少还有一女。现根据墓志记载、结合文献记录将洪起畏世系考录如下。（图一七）

参政吴公渊、马公光祖、吏部王公致远，迭为□□者□□於属吏少所许可，独被赏识，招置□□□第遇之为□□□若友不得罪于百姓，三先生之教也！吴、王二先生尤见器重。

此段提到吴渊、马光祖、王致远三先生对洪起畏的教育和影响。吴渊字道父，秘阁修撰柔胜之第三子。嘉定七年举进士，调建德县主簿。后迁枢密院编修官兼刑部郎官，再迁秘书丞仍兼刑部郎官。以直焕章阁知平江府兼节制许浦水军，提点浙西刑狱。进右文殿修撰、枢密副都承旨兼右司兼检正。侍御史洪咨夔不直之，劾定左迁。差知镇江府，定防江军之扰，兼淮东总领。进权兵部侍郎，权户部侍郎，再为总领兼知镇江。丁母忧，服除，进龙图阁学

[1]《元史》卷一二七《伯颜列传》，第 3105 页，中华书局，1976 年。
[2]《宋史》卷四七《瀛国公纪》，第 927 页。
[3]《宋史》卷四一《理宗纪》，第 788 页。
[4]（清）毕沅：《续资治通鉴》，第 4451 页，中华书局，1999 年。
[5]（清）董运昌、周鼎纂：《宣统临安县志》，载《中国地方志集成·浙江府县志辑 7》，第 196 页，上海书店，1993 年。
[6]《临安县志补》，第 381~382 页。
[7]《光绪於潜县志》，第 224 页。
[8]《宣统临安县志》，第 198 页。

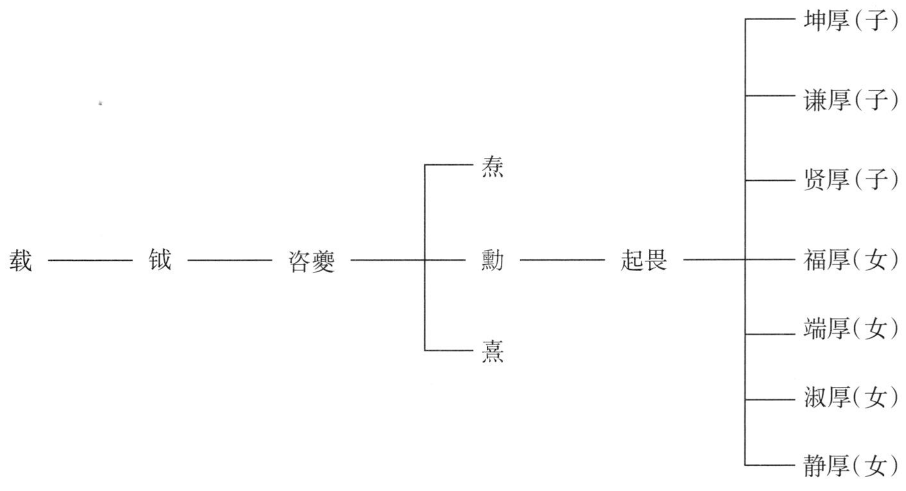

图一七　洪起畏世系表

士、江西安抚使兼知江州，后平湖南峒寇，知平江府。拜资政殿大学士，封金陵侯，进爵为公。宝祐五年正月朔，以功拜参知政事。越七日，卒，赠少师，赙银绢以五百计。渊有材略，迄济事功，所至兴学养士，然政尚严酷，好兴罗织之狱，籍入豪横，故时有“蜈蚣”之谣。其弟潜亦数谏止之。所著《易解》及《退庵文集》、奏议[1]。《宋史》卷四四《理宗纪》：宝祐四年春正月辛亥，以吴渊为京湖制置使兼夔路策应使，军马急切，便宜行事。夏四月癸未，吴渊进二秩，职任依旧；吴潜沿海制置使、判庆元府；马光祖焕章阁直学士，职任依旧。五年春正月丁亥朔，吴渊参知政事；辛亥，吴渊薨，赠少师，谥庄敏[2]。

马光祖字华父，婺州金华人。宝庆二年（1226 年）进士，从真德秀学。差知处州，监登闻鼓院，进太府寺丞兼庄文府教授。起直徽猷阁、知太平州、提领江西茶盐所。迁司农卿、淮西总领兼权江东转运使。拜户部尚书兼知临安府、浙西安抚使。加宝章阁直学士、沿江制置使、江东安抚使、知建康府兼行宫留守兼节制和州无为军安庆府三郡屯田使，加焕章阁，寻加宝章阁学士。在官减租税，兴学校，礼贤才，辟召僚属，皆极一时之选。拜端明殿学士、荆湖制置、知江陵府，去而建康之民思之不已。帝闻，命以资政殿学士、沿江制置大使、江东安抚使再知建康，士女相庆。其为政宽猛适宜，事存大体。咸淳三年，拜参知政事。五年，拜知枢密院事兼参知政事。以金紫光禄大夫致仕。卒后，谥庄敏[3]。宋周密《癸辛杂识》：“马光祖，字华父，号裕斋，吏事强敏，风力甚著，前后麾节，皆有可观。”[4]宝祐二年（甲寅，1254 年）十二月九日，马光祖以中奉大夫、守司农卿、淮西总领除权户部侍郎兼知临安府。在知临安府期间，曾判市民同福王府赁房钱诉讼云：“晴则鸡卵鸭卵，雨则盆满钵满；福王

[1]《宋史》卷四一六《吴渊列传》，第 12465~12468 页，中华书局，1977 年。
[2]《宋史》卷四四《理宗纪》，第 856~859 页。
[3]《宋史》卷四一六《马光祖列传》，第 12485~12487 页，中华书局，1977 年。
[4]《癸辛杂识》，第 300 页。

若要房钱，直待光祖任满”，判定福王府将房子修缮后市民再交房租[1]。景定二年（辛酉，1261 年）十一月，马光祖以观文殿学士、提领户部采用兼知临安府。十二月，除同知枢密院事兼太子宾客提领户部采用兼知临安府。次年五月除职。是岁，马光祖移建玉莲堂于钱塘门外菩提寺南[2]。史书对吴渊、马光祖二人的评价：“吴渊才具优长，而严酷累之”；“马光祖治建康，逮今遗爱犹在民心，可谓能臣已”[3]。

王致远，两浙东路温州永嘉县人，其父王允初（1154~1214 年）字元父，淳熙八年（1181 年）进士，开禧元年冬，任京西南路德安府通判，带领军民从开禧二年（1206 年）十一月至三年三月抵抗十万金兵对德安的围攻，最后取得胜利。因保卫德安有功，王允初即以通判升任德安府知府，后任京西南路提刑，荆湖北路转运使，丁母忧，回籍，死于永嘉家中，年六十一。王允初在《宋史》无传，《宋史》将德安拒敌之事记于当时知府李师尹名下。其子王致远，以恩荫出仕，官至荆湖北路提刑，不赴，后改为台州知州。后招为吏部郎中，又不赴任，终老家中。曾创办永嘉书院于州城，著有《开禧德安守城录》[4]。洪起畏墓志中提到“吏部王公致远”，说明王致远曾任职于吏部。

景定庚申，吴公潜相□枝之既（允）散，□拙育台为□。寻贾公似道继相，后授以郡守，处□□，又为枢掾，为宰属，出为浙右宪，擢卿□府转漕畿

景定庚申指理宗景定元年（1260 年）。吴公潜指左丞相吴潜。吴潜字毅夫，宣州宁国人。秘阁修撰柔胜之季子。嘉定十年（1217 年）进士第一，授承事郎、签镇东军节度判官。绍定四年（1231 年），迁尚右郎官。改权兵部侍郎兼检正。试工部侍郎、知庆元府兼沿海制置使，改知平江府。授宝谟阁待制，提举太平兴国宫，改玉隆万寿宫。试户部侍郎、淮东总领兼知镇江府。改宝谟阁直学士，兼浙西都大提点坑冶，权兵部尚书、浙西制置使。进工部尚书，改吏部尚书兼知临安府。丁母忧，服除，转中大夫、试兵部尚书兼侍读，转翰林学士、知制诰兼侍读，改端明殿学士、签书枢密院事，进封金陵郡候。淳祐十一年，入为参知政事，拜右丞相兼枢密使。进封崇国公，判宁国府。拜特进、左丞相，进封庆国公[5]。

开庆元年（己未，1259 年）十月壬申，以吴潜为左丞相兼枢密使，进封相国公。《宋史》卷四十四《理宗纪》：“（开庆元年）冬十月辛未朔，丁大全罢，以观文殿大学士判镇江府。壬申，以吴潜为左丞相兼枢密使，进封相国公；贾似道为右丞相兼枢密使，进封茂国公。”景定元年（庚申，1260 年）四月己酉，左丞相吴潜罢[6]。吴潜被罢相的原因主要有两个，一个是蒙古兵逼近时，理宗问计于吴潜，吴潜建议迁都。另一个是理宗将立太子，吴潜对答“臣无弥远之才，忠王无陛下之福”，帝怒潜不已，使刘应龙弹劾吴潜。刘应龙谓：“潜本有贤誉，独论事失当，临变寡断。祖宗以来，大臣有罪未尝轻肆诛戮。欲望姑从宽典，以全体貌。”[7]

[1]（明）田汝成：《西湖游览志余》卷二五《委巷丛谈》，第 467~468 页，上海古籍出版社，1980 年。
[2]《咸淳临安志》，第 3653 页。
[3]《宋史》卷四一六《马光祖列传》，第 12487~12488 页。
[4] 周梦江、卢良秋：《南宋开禧德安守城录述评》，《温州师院学报》，1991 年第 4 期。
[5]《宋史》卷四一八《吴潜列传》，第 12515~12519 页，中华书局，1977 年。
[6]《宋史》卷二一四《表第五》，中华书局，1977 年；《续资治通鉴》，第 4788、4797 页。
[7]《宋史》卷四二五《刘应龙列传》，第 12670 页，中华书局，1977 年。

贾似道曾因驻守黄州一事深恨吴潜[1]，令沈炎弹劾吴潜措置无方，遂谪建昌军，寻徙潮州，责授化州团练使、循州安置。景定三年（1262年）五月死。德祐元年（1275年），追复元官。明年，特赠少师[2]。《宋史》卷四十五《理宗纪》："（景定三年）六月壬辰，吴潜没于循州，诏许归葬。"[3]史评云："理宗四十年之间，若李宗勉、崔与之、吴潜之贤，皆弗究于用；而史弥远、丁大全、贾似道窃弄威福，与相始终"[4]，可算对吴潜比较公允的评价。

吴潜被罢后，贾似道入朝，"以右相兼太子少师"。《宋史》卷四十五《理宗纪》："（七月）庚寅，贾似道兼太子少师。"《宋史》卷二一四《表第五》："（景定元年）四月癸丑，贾似道特授少师，依前右丞相兼枢密使，进封卫国公，加封邑，七月庚寅，兼太子少师。"理宗曾下诏贾似道驻守黄州，黄州在鄂州上游，两州之间乃蒙古骑兵往来的通道，贾似道以为移师黄州的任命出自吴潜之意，深以为恨。后来吴潜被流放循州，贾似道派刘宗申任循州知府，毒杀吴潜，吴潜"以五月卒于循州"[5]。《钱塘遗事》卷四《吴潜入相》："先是，吴潜入相，以方甫、胡易简为腹心，二人轻儇，人嘲之曰'易简方'。上议立度宗为太子，公意不欲，缓其事。上不悦。北军退，即罢政，而似道由军中入相，讽台臣劾公罪，贬循州。先是诏似道移师黄州，黄在鄂下流中间，乃北骑往来之冲要，似道闻命，以足顿地曰：'吴潜杀我'，疑移师出潜意，故深憾之。遣武人刘宗申为循守，欲毒潜。潜凿井卧榻下，自作井记，毒无从入。一日宗申开宴，以私忌辞。又宴，又辞。又次日移庖，不得辞，遂得疾而卒。"[6]《宋季三朝政要》卷三《理宗壬戌景定三年》："（贾）似道遣（刘）宗申毒潜。潜死，即归罪于宗申，贬死以塞外议。"[7]后来贾似道因芜湖兵败也被流放循州，在南行途中一座古寺墙壁上发现有吴潜南行所题字，监押官郑虎臣呼贾似道曰："贾团练，吴丞相何以至此？"似道惭不能对。至泉州洛阳桥遇见叶李自漳州放还，见于客邸，叶李赋诗赠贾似道，似道俯首谢焉[8]。洪起畏墓志所言"景定庚申，吴公潜相□枝之既（允）散"可能指的就是理宗立太子这件事。

墓志云洪起畏"为枢掾，为宰属，出为浙右宪，擢卿□府转漕畿"。"枢掾"是枢密院的属官。宋叶绍翁《四朝闻见录·请斩秦桧》："胡忠简公铨，以枢掾请诛秦桧以谢天下。"《宋史》卷二四七《宗室四》记载赵希言曾"充密院检详，为宰属、枢掾凡六年，奉祠去"。"宰属"是宰相的属官。贾似道当时为右丞相兼枢密使，所以洪起畏担任的枢掾、宰属均为贾似道府下所辟官吏。"浙右宪"可能为"浙右宪司"，"宪司"即诸路提点刑狱公事。钱大昕《廿二史考异·宋史五·职官志七》："宋人称转运为漕司，安抚为帅司，提点刑狱为

[1]"初，似道在汉阳，时丞相吴潜用监察御史饶应子言，移之黄州，而分曹世雄等兵以属江阃。黄虽下流，实兵冲。似道以为潜欲杀己，衔之。且闻潜事急时，每事先发后奏，帝欲立荣王子孟启为太子，潜又不可。帝已积怒潜，似道遂陈建储之策，令沈炎劾潜措置无方，致全、衡、永、桂皆破，大称旨。乃议立孟启，贬潜循州，尽逐其党人。"《宋史》卷四七四《奸臣四·贾似道列传》，第13781页，中华书局，1977年。

[2]《宋史》卷四一八《吴潜列传》，第12519~12520页。

[3]《宋史》卷四五《理宗纪》，第881页。

[4]《宋史》卷四五《理宗纪》，第888页。

[5]《宋季三朝政要笺证》，第293页。

[6]（元）刘一清：《钱塘遗事》卷四，载《四库提要著录丛书》史部第16册，北京出版社，2010年。

[7]《宋季三朝政要笺证》，第293页。

[8]《四库全书》，第332册，第964页。

宪司。”“漕畿”可能为“畿漕”，属将作监，隶属工部。《宋史》卷一六五《职官志》：“营缮之事，多俾府尹、畿漕分任其责焉。”[1]《宋史·贾似道传》：“似道虽深居，凡台谏弹劾、诸司荐辟及京尹、畿漕一切事，不关白不敢行。”[2]

□归数月，起守涧，固辞。上弗许，不得已乃从，时咸淳甲戌九月也。往未几，江上有警，贾公出视师。□□起畏仍卿，列充参谋，官随军转运。

《宋季三朝政要》卷四《度宗甲戌咸淳十年》：“贾似道丁母忧，归越治丧。”《宋史纪事本末》卷一〇五《贾似道要君》：“（咸淳）十年春正月，贾似道母胡氏死，似道归越治丧。诏以天子卤簿葬之，起坟拟山陵。百官奉丧事，立大雨中，终日无敢易位者。既葬，诏似道起复，遂还朝。”

咸淳甲戌指度宗咸淳十年（1274年）。是年九月，元军大举攻宋，吕文焕和伯颜趋郢州，刘整和博罗欢趋淮西，“旌旗延袤，前后数百里”[3]。《宋季三朝政要》卷四：“（咸淳十年）九月，大元丞相伯颜大会兵于襄、樊。丁亥，沿汉江而下，前后延袤旌旗数百里，水陆并进，用我降人为向导。吕文焕等舟师出襄阳，刘整等骑兵出淮、泗，万户武显等前锋袭郢州。”[4]《宋史·贾似道传》：“度宗崩。大兵破鄂，太学诸生亦群言非师臣亲出不可。似道不得已，始开都督府临安。”[5]《续资治通鉴》卷一百八十《度宗咸淳十年》：“时鄂州既破，朝廷大惧。三学生及群臣上疏，以为非师相亲出不可。似道不得已，始开都督府于临安，以孙虎臣总统诸军，以黄万石等参赞军事。所辟官属，皆先命后奏。”[6]《宋史纪事本末》卷一百六与《续资治通鉴》记载基本相同。咸淳十年十二月癸亥，“诏似道都督诸路军马，以步军指挥使孙虎臣总统诸军，所辟官属皆先命后奏”[7]。

墓志所载“江上有警”当指元水陆两道进兵攻宋，陈师芜湖一带的长江附近。

“随军移运”即“随军移运使”，“有军旅之事，则供馈钱粮，或令本官随军移运，或别置随军转运使一员，或诸路事体当合一；则置都转运使以总之。随军及都运废置不常，而正使不废。若副使，若判官，皆随资之浅深称焉。其属有主管文字、干办官各一员，文臣准备差遣，武臣准备差使员多寡不一”[8]。

时大将孙虎臣畏惧弗战，公怒，将□面坐以军法，客廖莹畀王庭□其误，虎臣即阳为战，船锋甫交，解舟先退，军失帅，顷溃，公驻真、扬间收合散卒，谋再举。

此言宋、元芜湖丁家洲之战。德祐元年（乙亥，1275年）一月乙未，贾似道上表出师，抽诸路精兵十三万以行，金帛辎重，舳舻相衔百余里。至安吉州，贾似道所乘舟胶于堰中，刘师勇以千人入水拽之，不能动，乃易他舟而去。遂由新安池口以进，次于芜湖，遣人通吕

[1]《宋史》卷一六五《职官志》，第3920页，中华书局，1977年。
[2]《宋史》卷四七四《奸臣四·贾似道列传》，第13783页，中华书局，1977年。
[3]（明）陈邦瞻：《宋史纪事本末》，第1142~1143页，中华书局，1977年。
[4]《宋季三朝政要笺证》，第361页。
[5]《宋史》卷四七四《奸臣四·贾似道列传》，第13785页。
[6]《续资治通鉴》，第4934页。
[7]《宋史》卷四七《瀛国公纪》，第924页。
[8]《宋史》卷一六七《职官志》，第3965页。

师夔以议和[1]。《宋史》卷四七《瀛国公本纪》：“（德祐元年）二月庚申，虎臣与大元兵战于丁家洲败绩，奔鲁港，夏贵不战而去。似道、虎臣以单舸奔扬州，诸军尽溃，翁应龙以都督府印奔临安。”[2]关于宋元丁家洲之战的详细过程，《宋史·贾似道传》、《宋史·姜才传》、《通鉴续编》、《宋史纪事本末》、《续资治通鉴》、《元史·伯颜传》、《元史·阿术传》、《新元史·夏贵传》、《钱塘遗事》、《宋季三朝政要》等均有记载，详略不同，可互相参照补正。现分别录文如下。

《宋史》卷四七四《奸臣四·贾似道列传》。乃上表出师，抽诸路精兵以行，金帛辎重之舟，舳舻相衔百余里。至安吉，似道所乘舟胶堰中，刘师勇以千人入水曳之不能动，乃易他舟而去。至芜湖，遣还军中所俘曾安抚，以荔子、黄甘遗丞相伯颜，俾宋京如军中，请输岁币称臣如开庆约，不从。夏贵自合肥以师来会，袖中出编书示似道曰：“宋历三百二十年”。似道俯首而已。时一军七万余人，尽属孙虎臣，军丁家洲。似道与夏贵以少军军鲁港。二月庚申夜，虎臣以失利报，似道仓皇出，呼曰：“虎臣败矣！”命召贵与计事。顷之，虎臣至，抚膺而泣曰：“吾兵无一人用命也。”贵微笑曰：“吾尝血战当之矣。”似道曰：“计将安出？”贵曰：“诸军已胆落，吾何以战？公惟入扬州，招溃兵，迎驾海上，吾特以死守淮西尔。”遂解舟去。似道亦与虎臣以单舸奔扬州。明日，败兵蔽江而下，似道使人登岸扬旗招之，皆不至，有为恶语谩骂之者。乃檄列郡如海上迎驾，上书请迁都，列郡守于是皆遁，遂入扬州。[3]

《宋史》卷四五一《姜才列传》。贾似道出师，（姜）才以兵属孙虎臣为先锋，相拒于丁家洲。大军设炮架彀车弩江滨，中流数千艘，旌旗联亘，鼓行而下。才奋兵前接战，锋已交，虎臣遽过其妾所乘舟，众见之，喧曰：“步帅遁矣”。于是诸军皆溃，才亦收兵入扬州。[4]

《通鉴续编》卷二十四　孙虎臣及大元战于丁家洲，败绩。贾似道奔还扬州，诸军大溃。注云：时孙虎臣率精锐七万余人次于池州下流之丁家洲，似道与夏贵以五万人军于鲁港。巴延令军中作大栰数十，采薪刍置其上，阳言欲焚舟，似道信之，少懈。乃分兵屯于南北两岸，令阿珠与虎臣对阵，立炮具，设划车中流数千艘，乘风直进，势不可敌。夏贵以战舰二千五百艘横亘江中，似道将后军为殿。夏贵既尝失利于鄂，恐督府功成。又忌孙虎臣新进，虽列阵向敌，然殊无斗志。庚申夜，大元兵、大元战舟急进，阿术挺身登舰，手舵冲船，擂鼓大震，呼声动地，遣人掠宋舟，大呼曰：“宋人败矣！”通州副都统姜才为先锋，方接战，虎臣遽过其妾所乘舟，众见之，讙曰：“步帅遁矣！”于是宋师大乱。舳舻簸荡，乍分乍合。……似道仓皇召夏贵计事。顷之，虎臣至，抚膺哭曰：“吾兵无一人用命。”贵微笑曰：“吾尝血战当之矣。”似道曰：“计将安出？”贵曰：“诸军已胆落，吾何以战？师相惟有入扬州，招溃兵，迎驾海上，吾当以死守淮西尔。”言毕，贵即解舟去。夜将四鼓，似道击锣退师，驻于珠金沙，诸军皆溃散，似道乃与虎臣单舸奔扬州。堂吏翁应龙以都督府印归奔还临安。

---

[1]《续资治通鉴》，第4939页。

[2]《宋史》卷四七《瀛国公纪》，第925~926页。

[3]《宋史》卷四七四《奸臣四·贾似道列传》，第13785~13786页。

[4]《宋史》卷四五一《姜才列传》，第13268页，中华书局，1977年。

明日，溃兵蔽江而下，似道使人登岸扬旗招之，莫有应者，或肆恶语谩骂之。[1]

《宋史纪事本末》卷一百六《蒙古陷襄阳》。贾似道以精锐七万余人尽属孙虎臣，军于池州之下流丁家洲，夏贵以战舰二千五百艘横亘江中，似道自将后军军鲁港。贵尝失利于鄂，恐督府成功，无所逃罪，又忌虎臣新进出己上，殊无斗志。会伯颜令军中作大栰数十，采薪刍置其上，阳言欲焚舟，诸军但昼夜严备，而战心少懈。伯颜分步骑夹岸而进，麾战舰合势冲虎臣军。时阿术与虎臣对阵，伯颜令举巨炮击虎臣中坚。虎臣军动。阿术以划船数千艘乘风直进，呼声动天地。虎臣先锋将姜才方接战，虎臣遽过其妾所乘舟，众见之，讙曰："步帅遁矣！"军遂乱。夏贵不战而走，以扁舟掠似道船，呼曰："彼众我寡，势不支矣！"似道闻之，错愕失措，遽鸣钲收军，舳舻簸荡，乍分乍合。阿术以小旗麾将校，帅轻锐横击深入，诸军回棹前走。伯颜以步骑左右掎之，杀溺死者不可胜计，水为之赤，军资器械，尽为元所获。似道夜驻珠金沙，召贵计事。顷之，虎臣至，抚膺哭曰："吾兵无一人用命者。"贵微笑曰："吾尝血战当之矣。"似道曰："计将安出？"贵曰："诸军已胆落，吾何以战？师相惟有入扬州，招溃兵，迎驾海上，吾当以死守淮西尔。"遂解舟去。似道乃与虎臣单舸奔还扬州。明日，溃兵蔽江而下，似道使人登岸，扬旗招之，皆不应，有为恶语谩骂之者。[2]

《续资治通鉴》卷一百八十一《帝显德祐元年》。贾似道以精锐七万余人尽属孙虎臣，军于池州之下流丁家洲，夏贵以战舰二千五百艘横亘江中，似道自将后军军鲁港。贵失利于鄂，恐督府成功，无所逃罪，又恐虎臣新进出己上，殊无斗志。会巴延令军中作大栰数十，采薪刍置其上，阳言欲焚舟，诸军但昼夜严备而已。巴延分步骑夹岸而进，麾战舰，合势冲虎臣军。时阿珠与虎臣对阵，巴延命举巨炮击虎臣军。阿珠以划船数千艘乘风直进，呼声动天地。虎臣先锋将姜才方接战，虎臣遽过其妾所乘舟，众见之，讙曰："步帅遁矣！"军遂乱。夏贵不战而走，以扁舟掠似道船，呼曰："彼众我寡，势不支矣！"似道闻之，错愕失措，遽鸣钲收军，舳舻簸荡，乍分乍合。[3]

《元史》卷一二七《伯颜列传》。（至元十二年二月）庚申，发池州，壬戌，次丁家洲。贾似道都督诸路军马十三万，号百万，步军指挥使孙虎臣为前锋，淮西制置使夏贵以战舰二千五百艘横亘江中，似道将后军。伯颜命左右翼万户率骑兵夹江而进，炮声震百里。宋军阵动，贵先遁，以扁舟掠似道船，呼曰："彼众我寡，势不支矣。"似道闻之，仓皇失措，遽鸣金收军，军溃。众军大呼曰："宋军败矣。"诸战舰居后者，阿术促骑召之，挺身登舟，手柁冲敌船。舳舻相荡，乍分乍合。阿术以小旗麾何玮、李庭等并舟深入，伯颜命步骑左右掎之，追杀百五十余里，溺死无算，得船二千余艘，及其军资器仗、图籍符印。似道东走扬州，贵走庐州，虎臣走泰州。[4]

《元史》卷一百二十八《阿术列传》。至元十二年（1275 年）二月辛酉，师次丁家洲，遂与宋前锋孙虎臣对阵。夏贵以战舰二千五百艘横亘江中，似道将兵殿其后。时已遣骑兵夹

[1]《四库全书》第 332 册，第 960 页。
[2]《宋史纪事本末》，第 1148~1149 页。
[3]《续资治通鉴》，第 4942 页。
[4]《元史》卷一二七《伯颜列传》，第 3104~3105 页。

岸而进，两岸树炮，击其中坚，宋军阵动，阿术挺身登舟，手自持柂，突入敌阵，诸军继进，宋兵遂大溃。[1]

《新元史》卷一七七《夏贵传》。（德祐五年）二月，似道以精兵七万人属步军指挥使孙虎臣，次池州之丁家洲，贵以战舰二千五百亘江中，似道为殿。贵既失利于鄂，恐似道成功，无斗志。步军前锋将姜才方接战，众欢曰："步师遁！"贵不战而走，以扁舟掠似道船，呼曰："彼众我寡，势不可支。"似道遽鸣钲收军，宋师大溃。似道召贵计事，贵曰："诸军胆落，吾何以战？"乃奔庐州。阿术乘胜东下，沿江州军相继降。[2]

《宋季三朝政要笺证》卷五《少帝乙亥德祐元年》。辛酉，屯丁家洲，时大军大势冲下，南北两岸立炮座，设划军，中流数千艘乘风直进。我师不敌，诸军有反噬之意。似道遂许喝转官资。诸军诟曰："要官资做甚。己未、庚申官资何在？"似道不能答。癸亥，三鼓，孙虎臣告急，至似道舟中泣告曰："追兵已迫。"夏贵亦曰："彼众我寡，委难抵当。"垂泣而去。似道鸣锣一声，退兵于珠金砂，十三万军，一时溃散。督府之印已失，乃奔入扬州。[3]

《钱塘遗事》卷七《芜湖溃师》记载同《宋季三朝政要》基本相同。宋周密《癸辛杂识·鲁港风祸》："或谓贾平章鲁港之师，尝与北军议定岁币，讲解约于来日各退师一舍，以示信。既而西风大作，北军之退西者旗帜皆东指，南军都拨拨孙虎臣意以为北军顺风进师，遂仓忙告急于贾，贾以为北军失信而相绐，遂鸣锣退师。及知其误，则军溃已不可止矣。是南军既退之后，越一宿而北军始进，盖以此也。呜呼！天乎！"[4]

《宋史·贾似道传》、《宋史·姜才传》、《通鉴续编》、《宋史纪事本末》、《续资治通鉴》均记载孙虎臣先遁，《元史·伯颜传》、《新元史·阿术传》、《新元史·夏贵传》却记载是夏贵先遁。《宋季三朝政要》和《钱塘遗事》均记载是孙虎臣先告急，夏贵附和，然后才是贾似道鸣锣退兵。根据洪起畏墓志，此役首先是孙虎臣畏惧弗战，在贾似道的压力下被迫应战，孙虎臣却"阳为战，船锋甫交，解舟先退，军失帅，顷溃"，首先逃跑的是孙虎臣。洪起畏曾参加过这次会战，所以墓志所载应比较可靠。

孙虎臣曾受吕文德之命率精兵七百护送贾似道从鄂州到达黄州，在苹草坪与一支北撤的蒙古军遭遇，"虎臣匿似道出战，似道叹曰：'死矣，惜不光明俊伟尔！'既而鞑兵乃老弱部，止掠金帛子女而回江西，叛将储再兴骑牛先之。虎臣擒再兴，遂入黄州"[5]。这场小规模的战斗后来被吹捧贾似道的人吹嘘为一场大捷，而被攻击贾似道的人改编为丑化贾似道的一段故事[6]。孙虎臣等人因为这场战斗受到了褒奖。景定元年（1260年）丙戌，贾似道上言："自鄂趣黄与北朝回军相遇，诸将用命捍御。"诏："孙虎臣、范文虎、张世杰以下各赐金帛。"[7]景定二年，淮东宋军围攻蒙古占领的涟水，孙虎臣奉命率军北攻邳州，"全

[1]《元史》卷一二八《阿术列传》，第3122页，中华书局，1976年。
[2]何绍忞：《新元史》卷一七七《夏贵传》，第728页，中国书店，1988年。
[3]《宋季三朝政要笺证》，第379~380页。
[4]《癸辛杂识》，第189页。
[5]《宋季三朝政要笺证》，第256页。
[6]漆侠主编：《辽宋西夏金代通史·政治军事卷》，第619页，人民出版社，2010年。
[7]《续资治通鉴》，第4795页。

师而归”[1]。德祐元年乙未，以孙虎臣为宁武军节度使。《新元史》卷一二二《阿术传》：“七月庚午，宋将张世杰、孙虎臣以舟师万艘驻焦山东，每十船为一舫，联以铁锁，以示必死”，却被阿术以火攻击溃，“自是宋人不复能军”。德祐元年九月，元兵入泰州，孙虎臣自杀，旋赠太尉[2]。《宋史》卷四七《瀛国公纪》：“大元兵至泰州，知州孙虎臣自杀。”《宋季三朝政要》卷五云：“泰州陷，孙虎臣弟良臣降，虎臣死之。”[3]

丁家洲在安徽铜陵县东北20余里，“发源于县东南十五里之仪凤岭，引而东会于栖凤湖，通凤心闸，合胡成、顺安之水，一自洲上口，一自洲下口，达于大江。宋德祐初，贾似道师次芜湖，使孙虎臣为先锋，军于丁家洲，自将后军军于鲁港，为元兵所败处也”；鲁港在安徽芜湖县南三十余里，为鲁明江下游入长江口，其上源即宁国府境内之青弋江也，昔尝穿港以丽丹阳湖余水汇于石危渡，西北注大江，流遂深阔。亦曰鲁港，相传旧有鲁明仲居此[4]，也是长江中下游的重要隘口之一。丁家洲会战，元军大获全胜。南宋水陆两军主力几乎全部丧失，“已而芜湖师溃，国事已不可支”[5]。元军继续东下，一路势如破竹，“沿江诸郡或降或遁”。《宋史・李庭芝传》：“德祐元年春，似道兵溃芜湖，沿江诸郡或降或遁，无一人能守者。（李）庭芝率所部郡县城守”[6]。三月二日，元军攻占建康。建康为江东重镇，其失陷，“则江东之势去矣”[7]。（图一八）

墓志云“客廖莹畀王庭□其误”。“廖莹”应为“廖莹中”，墓志缺一“中”字。“客”指“馆客”，意即“门客”或“幕宾”。《魏书・崔亮传》：“冲甚奇之，迎为馆客。”陆游《老学庵笔记》卷一：“郡人求馆客者，多就谋之。”廖莹中、王庭均为贾似道的心腹幕僚，芜湖兵败后被罢免，不久自杀。廖莹中在贾似道专政时发挥了重要作用，拥有决断处置朝政的大权。《宋史・贾似道传》记载，度宗为贾似道赐第葛岭，“使迎养其中，吏抱文书就第署，大小朝政，一切决于馆客廖莹中、堂吏翁应龙，宰执充位署纸尾而已”；贾似道兵败后，朝廷“诛其（贾似道）幕官翁应龙，廖莹中、王庭皆自杀”[8]。《宋史》卷四七《瀛国公纪》：乃命捕应龙下临安府狱。罢廖莹中、王庭、刘良贵、游汶、朱浚、陈伯大、董朴。责洪起畏镇江自效。秋七月甲戌，从似道居婺州，廖莹中除名贬昭州，王庭除名贬梅州，徙曾渊子雷州。丁丑，从似道建宁府。《续资治通鉴》卷一百八十一《帝昰德祐元年》：“翁应龙既诛，廖莹中、王庭除名，流之岭南，皆自杀。”[9]

墓志云“公驻真、扬间收合散卒，谋再举”，说明贾似道在扬州期间曾收合散卒，图谋再战，并派刘师勇攻取吕城。《宋史・刘师勇传》：“鲁港师溃，贾似道欲东入海，（刘）

[1]《宋史》卷四五《理宗纪》，第876页，“（景定二年）二月丙申，孙虎臣战邳州，全师而归”。
[2]《续资治通鉴》，第4964页。
[3]《宋季三朝政要笺证》，第448页。
[4]（清）顾祖禹撰、贺次君、施和金点校：《读史方舆纪要》，第1342、1328页，中华书局，2005年。
[5]（清）陆心源：《宋史翼》卷一五《方大琮传》，第683页，中华书局，1991年。
[6]《宋史》卷四二一《李庭芝列传》，第12601页，中华书局，1977年。
[7]贾品孝等：《南宋军事史》，第258~259页，上海古籍出版社，2008年。
[8]《宋史》卷四七四《奸臣四・贾似道列传》，第13786页。
[9]《续资治通鉴》，第4959页。

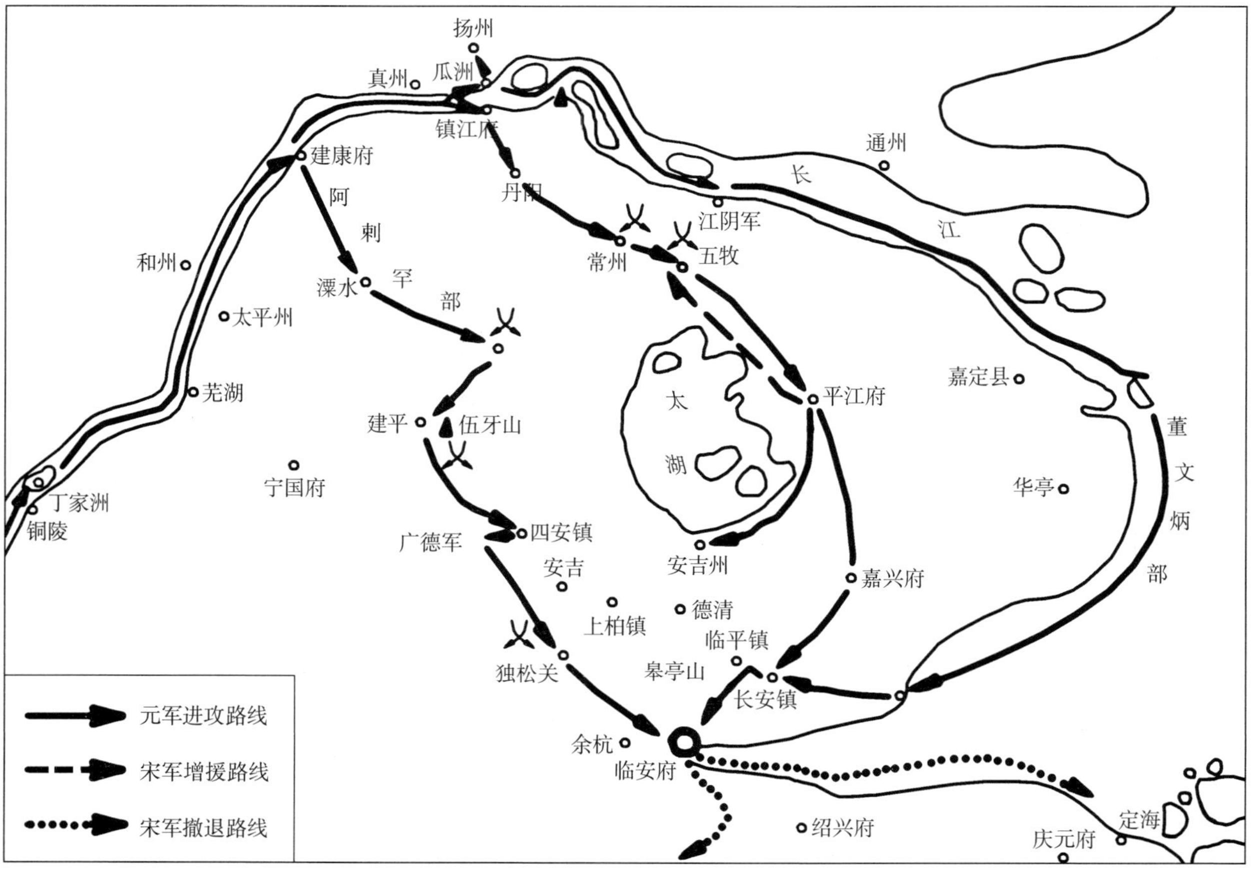

图一八　丁家洲位置及元军攻占临安图

师勇赞之，入扬州图再举，似道然之。时姚訔复常州，似道命师勇以淮兵取吕城。”[1]

> 或传公已死于县。参政陈宜中本公所引，闻报以为惊遽，奏罢公□□其位而公未尝能也。则又诬以有异志，谪建，谪楯士，凡出公门□□。予亦削籍流广邑。

陈宜中字与权，永嘉人也。宝祐中，陈宜中与黄镛、刘黻等六人上书批评丞相丁大全等人，被谪建昌军。丁大全被免后，丞相吴潜奏还之。贾似道入相，有诏六人皆免省试令赴。景定三年，由绍兴府推官、户部架阁、秘书省正字、校书郎，数年迁监察御史。四年，改浙西提刑。五年，召为崇政殿说书，累迁礼部侍郎兼中书舍人。七年，闽阙帅，以显文阁待制、知福州。在官得民心，岁余任为刑部尚书。十年，拜签书枢密院事兼权参知政事。德祐元年，升同知枢密院事。二月，似道丧师芜湖，乃以宜中知枢密院兼参知政事。宜中以为似道已死，即上疏乞正似道误国之罪。诏以王爚为左丞相，拜宜中特进、右丞相。王爚与宜中不合。太皇太后乃以宜中为左丞相，梦炎为右丞相，爚进平章军国重事。后陈宜中为右丞相，仓皇发京城民为兵，民年十五以上者皆籍之，人皆以为笑。元兵逼近临安，太皇太后派遣陈宜中到元军请和，不得。伯颜将兵至皋亭山，宜中宵遁。陆秀夫奉二王入温州，遣人召宜中，宜中

[1]《宋史》卷四五一《忠义六》，第13274页，中华书局，1977年。

至温州。后同张世杰俱入闽中。益王立，复以为左丞相。至元十九年，大军伐占城，宜中走暹，后没于暹[1]。

墓志云“参政陈宜中本公所引”。根据《宋史·陈宜中传》可知陈宜中因上书批评丞相丁大全等人，被谪建昌军。贾似道在相位，陈宜中由绍兴府推官数年迁监察御史，后四五年间职位飞速上升，拜签书枢密院事兼权参知政事，升同知枢密院事。《宋史》卷四七《瀛国公本纪》：“（德祐元年春正月）乙酉，以陈宜中同知枢密院事兼参知政事。”陈宜中的飞黄腾达同贾似道的支持密不可分，在贾斯道兵败芜湖前，他一直依附于贾似道。《续资治通鉴》卷一百八十一：“初，陈宜中附似道，骤得登政府”[2]。刘九皋也曾上书言“宜中擅权，党似道”[3]。京学生上书数陈宜中过失其中之一便是“似道丧师误国，（陈宜中）阳请致罚而阴佑之”。德祐元年，贾似道率军出征前，为了遥控朝政，专门安排陈宜中负责朝中事务，小事专决，大事通过邮传奏报贾似道决断。《宋季三朝政要》卷五云：“丁亥，贾似道出师建督。戊子，离京城。以王爚为左丞相，以章鉴为右丞相，陈宜中知枢密院当国。小事专决，大事则督府遥制之。”[4]

洪起畏墓志云陈宜中“闻报以为惊遽，奏罢公□□其位而公未尝能也”。芜湖溃师后，贾似道以单舸奔走扬州，“堂吏翁应龙以都督府印归奔还临安”，陈宜中以为贾似道已死，遂公开与贾似道决裂，上书请查办贾似道误国之罪，并设计将贾似道临走前安排的禁军首领韩震诛杀。《宋史·陈宜中传》：“二月，似道丧师芜湖，乃以宜中知枢密院兼参知政事。已而翁应龙自军中归，宜中问似道所在，应龙以不知对。宜中以为似道已死，即上疏乞正似道误国之罪。似道行时，以所亲信韩震总禁兵，人有言震欲以兵劫迁者，宜中召震计事，伏壮士袖铁椎击杀之，以示不党于似道。”[5]《宋季三朝政要》卷五云：“陈宜中拜右相，似道出督，以宜中受卵翼之恩，且柔顺易制，委以国。贾败，宜中首劾贾罪以自解，拜右丞相。宜中当国，有诛韩震胁迁之议，差强人意。然书生不知兵，张世杰，步将也，使提舟师。刘师勇，水军将也，使提步卒。用非其才，卒致误国。”[6]《钱塘遗事》卷八收录有陈宜中奏折全文，其中有关参奏贾似道内容，“近北兵渡江，已踰两月，上而三宫，下而万姓，皆谓平章贾似道督师一出，未必负三朝礼遇之恩，必能以一死酬天地涵容之泽。而乃拥师逗留，不发一矢。今月二十日，忽报孙虎臣败绩。又二十二日，报臣等以诸军皆溃散。初犹有自与一决之语，既乃发为海上迫驾之言。臣见其平日自诡以知兵意，或有深谋秘计可以救一脉于存亡。观其所措，有非腐儒所能测识。忽二月二十八日早，有督府随行吏回归，乃言似道于二十日夜三更鸣锣一声，喝散诸军，窜身而去，莫知所之。……欲望圣慈重行追窜，正平日苟容之罪，以谢公论。仍乞正似道误国之罪，以谢天下”[7]。史评云：“（贾）似道

[1]《宋史》卷四一八《陈宜中列传》，第12532页，中华书局，1977年。
[2]《续资治通鉴》，第4945~4946页。
[3]《宋史》卷四七《瀛国公纪》，第932页。
[4]《宋季三朝政要笺证》，第378页。
[5]《宋史》卷四一八《陈宜中列传》，第12530页。
[6]《宋季三朝政要笺证》，第403页。
[7]《宋季三朝政要笺证》，第395~396页。

督视江上之师，以国事付王爚、章鉴、陈宜中，盖取其平时素与己者。爚、宜中于其既出，稍欲自异，及闻其败，乘势蹙之。”[1]

贾似道兵败芜湖后，先驻扬州，后至绍兴。《宋史》卷四七四《奸臣四·贾似道传》：“（三月）复吴潜、向士璧等官，诛其幕官翁应龙，廖莹中、王庭皆自杀。……四月，高斯得乞诛似道，不从。而似道亦自上表乞保全，乃命削三官，然尚居扬不归。五月，王爚论似道既不死忠，又不死孝，太皇太后乃诏似道归终丧。”[2]《续资治通鉴》卷一百八十一《帝显德祐元年》：“（七月）甲戌，三学生及台谏、侍从，皆上疏请诸贾似道，太皇太后不许。及贾似道上表自劾，且言为夏贵、孙虎臣所误，乞保余生。乃削似道三官，令李庭芝津遣似道归越，以终丧制。似道留扬不还。王爚言似道既不死忠，又不成孝，请下诏切责。似道乃还绍兴。”[3]宋周密《癸辛杂识·廖莹中仰药》：“贾师宪还越之后，居家待罪，日不遑安，翘馆诸客悉已散去，独廖群玉莹中馆于贾府之别业，仍朝夕从不舍。乙亥七月一夕，与贾公痛饮终夕，悲歌雨泣，到五鼓方罢。”[4]

墓志云贾似道被“谪建，谪楯士”。《宋史·贾似道传》：“始徙似道婺州。婺人闻似道将至，率众为露布逐之……又徙建宁府……时国子司业方应发权直舍人院，封还录黄，乞窜似道广南，中书舍人王应麟、给事中黄镛亦言之，皆不从。侍御史陈文龙、陈景行、徐直方、孙嵘叟及监察御史俞浙并上疏，于是始谪似道为高州团练使，循州安置，籍其家。”[5]“谪建”当为“谪建宁府”的简称。“谪楯士”当指谪贾斯道高州团练副使。《宋史·高斯得传》：“度宗崩，陈宜中入相……台谏徐直方等四人论似道误国之罪，乞安置岭表，簿录其家。丞相留梦炎庇护似道，止令散官居住，且谓簿录扰及无辜。”[6]《钱塘遗事》卷七《贬贾似道》云：“乞将似道远窜深广，以申国法，以谢公论。有旨贾似道移漳州，责授高州团练副使，下临安府、台州簿录其家”[7]。《续资治通鉴》卷一百八十一《帝显德祐元年》：“丁丑，复诏徙似道于建宁府。庚寅，诏谪贾似道高州团练副使，循州（今广东惠阳）安置，籍其家，遣使监押之贬所”[8]。宋周密《癸辛杂识》：“前后权臣之败，官籍其家，每指有违禁之物为叛逆之罪……近世籍贾似道，至以籍御书、龙团锦袱之类为违法。”[9]

墓志记载洪起畏被“削籍流广邑”，不见于史书记载。“广邑”在今云南保山市昌宁县，靠近我国西南边陲。明代宣德五年，于广邑置州，以阿都鲁为广邑州知州[10]。《明史·地理志》：“广邑州，本金齿军民司之广邑寨。宣德五年五月升为州。八年十一月直隶布政司。正统元年三月徙于顺宁府之右甸。”[11]

---

[1]《宋史》卷四一八《陈宜中列传》，第12533页。
[2]《宋史》卷四七四《奸臣四·贾似道列传》，第13786页。
[3]《续资治通鉴》，第4958~4959页。
[4]《癸辛杂识》，第77页。
[5]《宋史》卷四七四《奸臣四·贾似道列传》，第13786~13787页。
[6]《宋史》卷四〇九《高斯得传》，第12327页，中华书局，1977年。
[7]《钱塘遗事》，卷七。
[8]《续资治通鉴》，第4959页。
[9]《癸辛杂识》，第69页。
[10]《明史》卷三一五《云南土司三》，中华书局，1974年。
[11]《明史》卷四六《地理七》，中华书局，1974年。

　　而太皇悔悟，语少常。

这里的太皇指太皇太后，即理宗谢皇后。理宗谢皇后，讳道清，天台人。宝庆三年十二月，册为皇后。理宗崩，度宗立。咸淳三年，尊为皇太后，号寿和圣福。度宗崩，瀛国公即位，尊为太皇太后。太后年老且疾，大臣屡请垂帘同听政，强之乃许。平章贾似道兵溃，陈宜中上疏请正其罪。太后曰："似道勤劳三朝，岂宜以一旦罪而失遇大臣礼？"先削其官，后乃置法贬死[1]。《宋史·贾似道传》记载："陈宜中请诛似道，谢太后曰：'似道勤劳三朝，安忍以一朝之罪，失待大臣之礼。'止罢平章、都督，予祠官。"[2]《钱塘遗事》卷七《罢贾似道》云："十四日，贾似道遣堂吏翁应龙获都督印归朝，上表自劾。五月，太后乃降诏，令李庭芝宣意，略云：'卿其亟归丧，次以尽臣子之道，当曲示保全。否则众论益甚，忠孝靡容。吾虽欲屈法伸恩，而不可得，卿其明听吾言，善终以始，亦有辞于永世。'时左相王爚奏陛下，念其勤劳三朝，免于远窜，使之归里终丧，忠厚之至。既数辞矣，安坐维扬，未闻就道，既不能死忠，又不能尽孝，遂使公论切齿愈甚，愿降一明诏切责似道，以正又犯方命之罪。"后因舆论汹汹，群臣纷纷上书乞正贾似道误国之罪，诏令"贾似道移漳州，责授高州团练副使，下临安府、台州簿录其家，遣使监押之贬所"，导致贾似道被杀于流放途中。墓志记载太皇太后悔悟，当指此事而言。

少常是唐太常寺少卿的别称。宋洪迈《容斋四笔·官称别名》："唐人好以它名标榜官称……太常卿为乐卿，少卿为少常、奉常。"

　　□□国□□宜中□推丞行留梦炎为同列以助己。梦炎尝有憾于公者也。因合谋私遣小校郑虎臣杀公于道。

留梦炎，浙江衢州人，字汉辅。宋理宗淳祐四年（1244年）甲辰科状元。历官宗正少卿，秘阁修撰，福建提举，吏部右侍郎，累官宣奉大夫，端明殿学士。德祐元年（1275年），任同知枢密院兼参知政事，并拜为右丞相兼枢密使，总督诸路军马。虽受命于危难之时，但临事退缩，称病于家不出，直至太后亲临其家，才始出任左丞相。不久，即于端宗景炎元年（1276年）降元。留梦炎后在元朝为礼部尚书，迁为翰林承旨，官至丞相。元成宗元贞元年（1295年），留梦炎致仕，不久，病死家中。浙江人曾说："两浙有留梦炎，两浙之羞也。"直至明代，凡留姓子孙参加科举考试，均需先声明非留梦炎后代，才有考试资格。元世祖尝问叶李、留梦炎优劣，赵孟頫对曰："梦炎，臣之父执，其人重厚，笃于自信，好谋而能断，有大臣器；叶李所读之书，臣皆读之，其所知所能，臣皆知之能之。"帝曰："汝以梦炎贤于李耶？梦炎在宋为状元，位至丞相，当贾似道误国罔上，梦炎依阿取容；李布衣，乃伏阙上书，是贤于梦炎也。汝以梦炎父友，不敢斥言其非，可赋诗讥之"[3]。《陔余丛考》卷十五《留梦炎及第》载："理宗淳祐四年，赐礼部进士留梦炎及第。发明云：'纲目凡书赐及第，分注或载其同榜之人，或载其所上之策，今皆略而不存，是必同榜之人皆不足纪，或所上之策皆不足录耳。'周氏此说非也。国士遇我，国士报之。今者及第出于上赐，是以国士遇梦炎也。

[1]《宋史》卷二四三《后妃列传下·理宗谢皇后》，第8659页，中华书局，1977年。

[2]《宋史》卷四七四《奸臣四·贾似道列传》，第13786页。

[3]《元史》一七二《赵孟頫列传》，第4020~4021页，中华书局，1976年。

其后管枢务，晋台司，实基于此，乃立人本朝，毫无匡救。似道专，则顺之而已矣；国势危，则逃之而已矣；敌兵至，则降之而已矣；国士之报果安在耶？纲目特笔书之，明其进身之始，受恩至重，而他日之反颜事雠，真狗彘弗若也。”[1]

贾似道的死因及死期也有聚讼。《宋史》卷四七《瀛国公纪》记载德祐元年九月“会稽县尉郑虎臣部送似道之贬所，至漳州杀之。”[2]

《宋史·贾似道传》：“福王与芮素恨似道，募有能杀似道者，使送之贬所，有县尉郑虎臣欣然请行。似道行时，侍妾尚数十人，虎臣悉屏去，夺其宝玉，撤轿盖，暴行秋日中，令舁轿夫唱杭州歌谑之，每名斥似道，辱之备至。似道至古寺中，壁有吴潜南行所题字，虎臣呼似道曰：‘贾团练，吴丞相何以至此？’似道惭不能对。嵘叟、应麟奏似道家畜乘舆服御物，有反状，乞斩之。诏遣鞫问，未至。八月，似道至漳州木棉庵，虎臣屡讽之自杀，不听，曰：‘太皇许我不死，有诏即死。’虎臣曰：‘吾为天下杀似道，虽死何憾？’拉杀之。”[3]

《通鉴续编》卷二十四：“福王与芮素怨似道，闻制下，募有能杀似道者，使送之贬所，会稽县尉郑虎臣以其父尝为似道所配也，欲报之，欣然请行。福王遣虎臣为监押。似道时寓建宁之开元寺，侍妾尚数十人，虎臣至，悉屏去，夺其宝玉，撤轿盖，暴行秋日中，令舁轿夫唱杭州歌谑之，每名斥似道，窘辱备至。一日入古寺，壁有吴潜南行所题字，虎臣呼似道曰：‘贾团练，吴丞相何以至此？’似道惭不能对。至泉州洛阳桥，遇叶李自漳州放还，见于客邸，李赋诗赠之，似道俯首谢焉。十月至漳州木棉庵，虎臣讽令自杀，似道不从，曰：‘太皇许我不死，有诏即死。’虎臣曰：‘吾为天下杀似道，虽死何憾？’。遂拘似道之子于别室，即厕上，拉似道胸杀之。殡于庵侧。及陈宜中至福州，捕虎臣于狱杀之。”[4]

《续资治通鉴》卷一百八十二：“郑虎臣监押贾似道，舟次南剑州黯淡滩，虎臣曰：‘水清甚，何不死于此？’似道曰：‘太皇许我不死。’至漳州木棉庵，虎臣曰：‘吾为天下杀似道，虽死何憾！’遂拘其子与妾于别馆，即厕上，拉其胸杀之。后陈宜中至福州，捕虎臣，毙于狱。”[5]

《宋季三朝政要笺证》卷五云：“似道寓建之开元寺，欲俟深秋入南。朝廷遣郑虎臣监押，至则拘似道行李，制其出入，节其饮食，凌辱百端。似道不胜其苦。舟次南剑黯淡滩，虎臣曰：‘水清甚，何不死于此？’曰：‘太皇许我以不死，候有诏即死。’冬十月，至漳州木棉庵，虎臣悉拘其子与妾于别馆，即厕上拉其胸杀之，殡于庵侧。”王瑞来笺证：此处之“太皇”当指“太皇太后”。[6]

《宋史纪事本末》卷一〇六《蒙古陷襄阳》：“九月，郑虎臣杀贾似道于漳州。先是，台谏、三学生皆上书，请诛似道。诏谪似道高州团练副使，循州安置，遣使监押之贬所。会稽县尉郑虎臣以其父尝为似道所配，欲报之，欣然请行。舟次南剑黯淡滩，虎臣曰：‘水清

[1]（清）赵翼：《陔余丛考》，第285页，中华书局，1963年。

[2]《宋史》卷四七《瀛国公纪》，第927页。

[3]《宋史》卷四七四《奸臣四·贾似道列传》，第13787页。

[4]《四库全书》，第332册，第964~965页。

[5]《续资治通鉴》，第4964页。

[6]《宋季三朝政要笺证》，第400~402页。

甚，何不死于此？’似道曰：‘太皇许我不死，俟有诏，即死。’至漳州木棉庵，虎臣曰：‘吾为天下杀似道，虽死何憾！’遂拘其子与妾于别馆，即厕上拉其胸，杀之。后虎臣为陈宜中所杀。”[1]

《齐东野语》卷一九《贾氏前兆》：“及鲁港失律，远谪南荒，就绍兴差官押送，则本州推官沈士圭，摄山阴尉郑虎臣也。郑，武弁，尝为贾所恶，适有是役，遂甘心焉。贾临行，置酒招二人，历言前梦，且祈哀徼庇云：向在维扬日，襄、邓间有人善相，一日来，值其跣卧，因叹息再三，私谓客曰：‘相公贵极人臣，而足心肉陷，是名候形，恐异时不免有万里行耳。’是知今日窜逐之事，虽满盈招咎，盖亦有数存焉。及抵清漳之次日，泣谓押行官曰：‘某夜来梦大不祥，才离此地，必死无疑，幸保全之。’遂连三日，逗留不行，而官吏追促之。离城五里许，小泊木棉庵，竟以疾殂。”[2]

元蒋正子《山房随笔》云：“秋壑在朝，有术者言‘平章不利郑姓人’，因此每有此姓为官者，多困抑之。武学生郑虎臣登科，辄以罪配之，后遇赦得还。秋壑丧师陈静观，诸公欲置之死地，遂寻其平日极仇者为押送官，虎臣遂请身为之，乃假以武功大夫押其行。虎臣一路凌辱，求死不能。至漳州木棉庵，病笃，泄泻，踞虎子欲绝。虎臣知其服脑子求死，乃云：‘好教祗恁地死。’遂趯数下而殂。”又云：“秋壑后亦遭郑虎臣之辱。其时，赵介如守漳，贾门下客也，宴虎臣于公舍，秋壑亦与焉。介如欲客似道，似道不可，以让虎臣，口称天使唯谨，虎臣不让，似道侧坐于下，介如察虎臣有杀贾意，命馆人访郑，且以辞挑之。于时，似道衣服饮食皆为郑减抑，介如作绵衣等馈之，见其行李辎重，令截寄其处，俟得命放回，日就取之。其馆人语郑云：‘天使今日押练使至此，度必无生理，曷若令速殒？免受许多苦恼’。郑即云：‘便是这物事受得许多苦，欲其死而不死。’未几，告殂。赵往哭，郑不许，赵固争，郑怒云：‘检我耶？’赵答云：‘汝也值得一检，然末如之何？’赵经纪棺殓，且致祭。”[3]

上述文献中，《宋史·瀛国公纪》和《宋史纪事本末》记载贾似道死于九月，《宋史·贾似道传》为八月，《通鉴续编》和《宋季三朝政要》为十月。关于其死因，多数史书记载贾似道是被郑虎臣所杀，其幕后主使为福王与芮。但《齐东野语》则说“竟以疾殂”，《山房随笔》又说贾似道“服脑子求死”，郑虎臣“遂趯数下而殂”。洪起畏墓志记载杀死贾似道的幕后主使是陈宜中和留梦炎，同史书记载的不同，惟《山房随笔》云“秋壑丧师陈静观，诸公欲置之死地”，但未指明具体是谁。根据《宋史纪事本末》、《通鉴续编》，郑虎臣杀贾似道的直接原因是其父亲曾被贾似道发配边疆，故趁此机会报仇。后来，郑虎臣在福州被陈宜中下狱处死，推测漳州知守赵介如也是其中的主要推手之一。贾似道被贬官、流放以至被杀，芜湖溃师是导火索，其主要的原因还是专权误国所致，正如太皇太后诏书所言：“贾似道专制朝政十有五年，挟智行私，矜己自用，结怨军民，失信邻国。战功当赏而不赏，边费当支而不支；尽心力以守襄城者坐视不救，备己财以赠郢兵者反受责言，遂使诸将离心，三军解体。比者请师出督，畏死偷生，不战而逃，莫知所在。自古失律之师，未有如此之缪

[1]《宋史纪事本末》，第1155~1156页。

[2]（宋）周密：《齐东野语》，第353~354页，中华书局，1983年。

[3]（明）陶宗仪：《说郛三种》卷二十七，第477页，上海古籍出版社，1988年。

者！吾已节次明正其罪。”[1]

公死，国事益急。德祐乙亥冬□□顺朝□□□□二相弃君后遁去，仓卒相吴公坚诸保用慈人

《宋史·瀛国公纪》：“（德祐元年）六月甲寅，留梦炎入朝，王爚请相梦炎，乞以经筵备顾问，陈宜中请相梦炎，乞祠，诏二相毋藉此求闲。以爚为平章军国重事，一月两赴经筵，五日一朝；宜中左丞相兼枢密使，都督诸路兵。留梦炎右丞相兼枢密使，都督诸路兵。”[2]而“丞相王爚老病，陈宜中、留梦炎庸懦无所长，日坐朝堂相争戾。而张世杰兵败于焦山，宜中弃官去。太后累召不至，遗书宜中母，使勉之。十月，始还朝……太后又亲为书召夏贵等兵，曰：“吾母子不足念，独不报先帝德乎？”贵等亦罕有至者[3]。十二月丁酉朔，诏许似道归葬，以其祖田庐还之。庚子，以吴坚签书枢密院事，黄镛兼权参知政事。德祐二年春正月辛未，命吴坚为丞相兼枢密使，常楙参知政事。日午宣麻慈元殿，文班止六人。癸未，以留梦炎为江东西、湖南北宣抚大使[4]。据《续资治通鉴》的记载，德祐元年十一月乙未，左丞相留梦炎遁。十二月丁酉朔，诏贾似道归葬，返其田庐。庚子，以吴坚签书枢密院事，黄墉兼权参知政事。时陈宜中当国，遭时多难，不能措一策，唯事蒙蔽，将士离心，郡邑降破[5]。《宋季三朝政要》：“十二月，大元伯颜丞相领兵屯平江，进屯长堰。宜中遣使议和，见伯颜于长堰。已而不如约，故大兵迳至高亭山。宜中蒙蔽外庭，而三宫若罔闻知。”[6]庚寅，元兵逼近临安，临安戒严，同知枢密院曾渊子以下大臣数十人皆遁，朝中为之萧然[7]。谢太后派吴坚、陈宜中、文天祥到元军求和，求和不成，乃纳降表。“（至元十三年春正月）壬午，军次长安镇，董文炳以兵来会。宋陈宜中、吴坚等违约不至。癸未，军次临平镇。甲申，次高亭山，阿剌罕以兵来会。宋主遣其保康军承宣使尹甫、和州防御使吉甫等，赍传国玉玺及降表诣军前。”[8]《钱塘遗事》卷八《纳降表》云：“自贾似道丧师后至今十余月，国事危急，将士离心，众出屡衄。朝廷方理会科场明堂等事，士大夫陈乞差遣士人，觊觎恩例，一筹不画，及是束手无措，乃议纳土，求封为小国，赍降表奉使燕京。哀哉！”又同卷《宜中夜遁》云：“陈宜中十月再相，国事亦危矣！至丙子正月十八日，大兵至高亭山，要以相见，宜中夜遁。十九日，以贾余庆为右丞相，吴坚为左丞相，谢堂枢密使，家铉翁参知政事，刘岊同知枢密院事。是时，陈宜中遁，文天祥进右丞相，不拜。遂以贾余庆为右丞相，朝廷俞无统矣！”[9]后陈宜中等人拥立二王至闽广[10]。《元史·贾居贞传》：宋幼主既降，其相陈宜中等挟二王逃闽、广，所在扇惑，民争应之。[11]《宋史·刘黻传》：“明年，江上溃师，

[1]《钱塘遗事》，卷八。
[2]《宋史》卷四七《瀛国公纪》，第931页。
[3]《宋史》卷二四三《后妃列传下·理宗谢皇后》，第8660页。
[4]《癸辛杂识》，第936~937页。
[5]《续资治通鉴》，第4964页。
[6]《宋季三朝政要笺证》，第424页。
[7]《续资治通鉴》，第4950页。
[8]《元史》卷九《世祖六》，第176页，中华书局，1976年。
[9]《钱塘遗事》卷八。
[10]《元史》卷一二九《李恒传》：“宋丞相陈宜中及其大将张世杰立益王昰于闽中，郡县豪杰争起兵应之”，中华书局，1976年。
[11]《元史》卷一五三《贾居贞传》，第3623页，中华书局，1976年。

丞相陈宜中起复黻为端明殿学士，不起。及贾似道、韩震死，宜中谋拥二王由温州入海，以兵逆黻共政，将逊相位，于是黻托宗祀於母弟成伯，遂起，及罗浮，以疾卒。”[1]

墓志云“二相弃君后遁去”，指的就是陈宜中和留梦炎二人相继遁去。吴坚在国事危急之际仓促被任命为丞相，实乃不得已之举。盖当时诸大臣守相纷纷而遁，朝中已无人矣！宋皇室大臣被俘至上京后，元世祖曾问吴丞相：“汝老矣，如何为相？”领事答云：“自陈丞相以下遁去，朝廷无人任职，无人肯做，故臣为相。”[2]

第二节　洪起畏夫人郎氏墓志及考释

洪起畏夫人郎氏墓志一合，出土时平放于墓门铺地石条前部的地面上，志盖、志石上下扣合，墓志上堆砌一层小砾石，砾石层后面同封门石条相连，有一部分砾石覆盖于铺地石条上；前面中间延伸一道砾石连接墓前的横向砾石垣墙，右侧同两室间的砾石垣墙相接，左侧中部并列放置 3 块较大的砾石同左耳室相接。志盖共刻文字五行，中间两行 10 个大字：“有宋淑妇孺人郎氏之墓”，前面居中一行 8 个小字：“千岁之下，陵谷变迁”；后面居中一行 8 个小字：“仁人君子，幸为揜之”；最后左下角刻一行 3 个很小的字：“王珍刊”。志盖长 92.5、宽 69、厚 16.5 厘米，一角稍斜收，边缘稍残。志石长 90、宽 70.2~70.5、厚 16~16.5 厘米。共刻文字 13 行，满行 30 字，共 367 字。最后一行末尾刻有“王珍刊”3 个小字。志盖和志石四边均稍加修整，文字均为楷书。现将墓志录文如下（/ 为换行符号）。（图一九、图二〇）

孺人讳惠柔，姓郎氏，杭之临安县人。武林侯简之裔孙，新丰君伟之息女，平斋/
忠文洪公咨夔之嫡长孙妇也。新丰君蚤从忠文公游，遂以女归起畏。孺人生/
大家而有林下风，澹和简重，酷类其父。为妇十九年，目不窥户庭，口不斥婢妾；/
慈俭不妒忌，始终如一日，族党中外称其贤。辛丑冬，坐蓐感寒疾，岁遇寒辄发，/
医误投驶剂，至是遂弗可疗。生于嘉定辛巳十月二十八日，歿以宝祐戊午十/
有一月三日，得年三十有八。谓淑宜寿，仅止于斯。呜呼悲哉！先是，母施夫人骤/
得眩瞀证（症），孺人时随余官中都，闻疾涕泣，日夕念归，如恐不得见其母。甫归而/
病，乃先母以行。病革[3]，顾施夫人曰：“女负母矣！”又顾余曰：“即死，愿祔我姑[4]坟旁。”语/
不及它而瞑。呜呼悲哉！丁巳禋霈授初品，封子男女各一，男坤垕，习进士。卜以/
辛酉十一月十四日壬申，葬于邑之琅碧里湖塘山。距姑张令人茔百步，而远/

[1]《宋史》卷四〇五《刘黻传》，第 12249 页，中华书局，1977 年。

[2]《钱塘遗事》，卷九。

[3] 革（jí）通“亟”。《礼记·檀弓上》：“夫子之病革矣，不可以变。”郑玄注：“革，急也。”

[4] 姑，丈夫的母亲。《左传·昭公二十八年》：“子容之母走谒诸姑。”《后汉书·列女传·鲍宣妻》：“拜姑礼毕，提甕出汲。”唐韩愈《扶风郡夫人墓志铭》：“夫人适年若干，入门而媪御皆喜，既馈而公姑交贺。”宋赵彦卫《云麓漫钞》卷五：“妇谓夫之父曰舅，夫之母曰姑。”姑嫜，丈夫的母亲与父亲。汉陈琳《饮马长城窟行》：“善事新姑嫜，时时念我故夫子。”唐杜甫《新婚别》：“妾身未分明，何以拜姑嫜。”

图一九　郎氏墓志志盖

孺人諱惠淳姓郎氏杭之臨安縣人武林侯簡之裔孫新豐君偉之息女平齋
忠文洪公咨夔之嫡長孫婦也新豐君叅從忠文公游遂以女歸起畏孺人生
大家而有林下風溫和簡重酷類其父為婦十九年目不窺戶足口不斥婢妾
慈儉不妬忌始終如一日族黨中外稱其賢辛丑冬坐蓐感寒疾歲遇寒輒發
醫莫投駛劑至是遂弗可療生於嘉定辛巳十月二十八日歿以寶祐戊午十
有一月三日得年三十有八謂淑宜壽僅止於斯嗚呼悲哉先是母施夫人驟
得眩瞀證孺人時隨余官中都聞疾涕泣日夕念歸如恐不得見其母直歸而
病延先母以行病革顧施夫人曰女負母矣又顧余曰即死願祔我姑績旁語
不及它而瞑嗚呼悲哉丁巳禋霈授初品封子男女各一男坤厔習進士卜以
辛酉十一月十四日壬申葬于邑之琅碧里湖塘山距姑張令人塋百步而遙
與新豐君墓南北相直三阡鼎峙竈竈相從庶以慰孺人之心於地下異日吾
死而合爲亦樂斯丘夫奉議郎新差知處州軍州兼管內勸農營田事洪起畏
攬涕書而納諸壙
王珍刊

图二〇　郎氏墓志

与新丰君墓南北相直，三阡鼎峙，魂魄相从。庶以慰孺人之心于地下。异日吾/死而合焉，亦乐斯丘。夫奉议郎新差知处州军州兼管内劝农营田事洪起畏/揽涕书而纳诸圹。

洪起畏夫人郎氏为“杭之临安县人”，生于南宋嘉定辛巳年，即宁宗嘉定十四年（1221年）；死于宝祐戊午年，即理宗宝祐六年（1258年）；葬于辛酉十一月，为理宗景定二年（1261年）。其祖上为武林侯郎简，父亲为新丰君郎伟。据墓志，郎伟早年跟随洪咨夔，于是将女儿许配给洪起畏。《咸淳临安志》卷六十一《国朝进士表》记载，郎伟为绍定五年进士[1]。

郎简字叔廉，杭州临安人。进士及第，补试秘书省校书郎、知宁国县，徙福清令。徙藤州，兴学养士，一变其俗，藤自是始有举进士者。通判海州，提点利州路刑狱。官罢，知泉州。累迁尚书度支员外郎、广南东路转运使，擢秘书少监、知广州，捕斩贼冯佐臣。入判大理寺，出知越州，复归判尚书刑部，出知江宁府，历右谏议大夫、给事中、知扬州，徙明州。以尚书工部侍郎致仕。祀明堂，迁刑部。卒，年八十有九，特赠吏部侍郎。简性和易，喜宾客。即钱塘城北治园庐，自号武林居士。道引服饵，晚岁颜如丹。尤好医术，人有疾，多自处方以疗之，有集验方数十，行于世[2]。《宋史·郎简传》中提到其子郎絜、孙郎沔，郎絜官至尚书都官员外郎；郎沔知杭州[3]。

另外，洪起畏墓志中记载有“进士郎鼎臣”。《咸淳临安志》卷六十一《国朝进士表》记录有咸淳元年进士郎昇；又同卷《中兴右科进士表》又记载有嘉定十年进士郎汝弼[4]。据《光绪於潜县志》，郎昇字道冲，居邑之折桂里，性英明豪迈，湛深经术，登咸淳元年进士及第，授池州青阳令，擢礼部侍郎转兵部兼刑部尚书。“后筑室于分水之招贤乡以居焉，卒年九十七”[5]。《宣统临安县志》卷六《选举志·进士》记载“绍定五年壬辰徐元杰榜”进士有郎伋和郎伟，二人均为郎碧人，郎伋仕至观察使，郎伟任南昌尹；又“嘉熙二年戊戌周坦榜”有进士郎汝，也是郎碧人[6]。洪起畏墓志中的“进士郎鼎臣”或许就是绍定五年进士郎伋或嘉熙二年进士郎汝弼中的一个，“鼎臣”可能是其字。

葬于邑之琅碧里湖塘山

洪起畏夫妇墓所在村现名郎碧，郎氏墓志中称“琅碧”。郎碧从宋代开始至明清，人才辈出，大多数为郎姓。除了上面提到的郎伋、郎伟和郎汝三位宋代进士外，《宣统临安县志》卷六《选举志》中还记载有下面诸位：宋代，郎渭，官象山县令。明代，郎士毅，官至江西道监察御史；郎珍，历任广西陆川县、顺天宛平县令；周一文，由廪贡授徽州府教授；郎湘，润州学正；郎玉，四川荣县令，陞九江府通判；郎楠，三水县教谕；郎任，太平学正；郎琪，

[1]《咸淳临安志》，第2210页。
[2]《宋史》卷二九九《郎简传》，第9926~9927页，中华书局，1977年。
[3]《宋史》卷二九九《郎简传》，第9926~9927页。
[4]《咸淳临安志》，第2216、2223页。
[5]《光绪於潜县志》，第217页。
[6]《宣统临安县志》，第157页。

锦衣卫校尉；郎潔，知临江军事。清代，郎绍周，候补守备；郎梯，嘉定县学训导；郎校，南靖县教谕；郎赓，宁国府县丞[1]。

郎氏墓志为其夫洪起畏所书，志盖刻“有宋淑妇孺人郎氏之墓”，说明景定二年（1261年）其下葬时是“孺人”称号，当时洪起畏任“奉议郎新差知处州军州兼管内劝农营田事”，是县一级的官吏。洪起畏墓志里称“室郎氏赠宜人”，当时洪起畏已是知府一级官员，其妻封号上升为宜人。又郎氏墓志记载其墓“距姑张令人茔百步”，太中大夫以上官员之妻封令人。孺人、宜人、令人均为为宋代命妇的封号，显示的是不同等级的差别。《宋会要辑稿·仪制十》记载宋徽宗政和二年，定外命妇封号为九等，即国夫人、郡夫人、淑人、硕人、令人、恭人、宜人、安人、孺人。墓志云郎氏的死因乃“坐蓐感寒疾，岁遇寒辄发，医误投驶剂，至是遂弗可疗”。姚止庵曰：“毒药，驶剂也。”

墓葬所在之山现称将军山，墓志记载郎氏之墓“距姑张令人茔百步，而远与新丰君墓南北相直，三阡鼎峙”，说明洪起畏夫妇墓距离其母张令人墓百步左右，同其岳父新丰君郎伟的墓南北对直，三座坟墓呈鼎足分布。

[1]《宣统临安县志》，第174~181页。

第四章　其他宋元墓

M31（即洪起畏夫妇合葬墓）在前文已经提及，现将 M2、M27 和 M42 介绍如下。

一　M2

M2 即工程建设中首先发现的古墓葬，位于临安市锦城街道横街村西北部约 700 米的西坟山西坡，距山脚高约 10 米（参见图二），东南距临安市区约 4.5 千米，为一座长方形砖石混砌并列三室墓，墓向 286°，大致呈坐东面西向，残长 1.86~3.34、宽 4.3、高 1.8~2.2 米。

M2 在清理之前，墓室已遭到严重破坏，整个墓葬的前半部分已被挖机勾挖破坏，周围地表土也已被挖走，仅剩后半个墓室裸露于工地现场。我们问询了施工人员与附近村民，并在周围做了调查与清理，未发现有随葬品散落出来。（图版二六：1）

随后工作人员对 M2 墓室进行了细致的清理，虽未发现任何随葬品，但基本上了解了该墓的形制特征 (图二一；图版二六：2)。该墓左、中、右三室横向并列，主要为青砖砌筑，用有简单榫卯结构的石条扣合盖顶，墓底铺砖。

左室存左、右、后壁及顶部，前端少部分被破坏。左、右壁厚度、高度一致，厚 0.36、高 1.55~1.65 米。左壁双层砖砌筑，先两砖纵向并列平砌一层，再横向平砌一层，纵、横向交错，依次向上，砖缝间用石灰浆黏结密封，残长 3.34 米。至顶部后顺着墙壁的方向放置一横截面呈曲尺形的石条，曲尺形的缺口朝向内侧上方。石条长 283、宽 30~35、厚 18~28 厘米。右壁与左壁砌法相同，所不同的是顶部的石条横截面呈“凸”字形，石条长 283、宽 28~35、厚 18~28 厘米。中室以左室的右壁作为左壁，右壁砌法及砖、石材料与左壁相同，残长 2.2 米。中室左壁，即左室右壁，有一近方形的穿洞，边缘不是很规整，不清楚是原来就有的隔窗被破坏还是后来的盗洞，高 28、宽 28~38 厘米。右室以中室的右壁作为左壁，右壁砌法及砖、石材料与左室左壁相同，曲尺形石条的缺口也是朝向内上方，残长 1.86 米。后壁与左、右壁砖砌部分砌法、材料相同，纯青砖砌筑，横长 4.3、宽 0.36、高 1.8 米。该墓以左、中、右三室各自为单位用横向的倒“凸”字形石条平铺盖顶，因已遭到破坏，原来各墓室顶部的石条数目不详，推测每室应有十一至十二块石条纵向并排平铺。现存左、中室顶部各有六排石条，右室顶五排石条。石条尺寸基本相同，长 106~148、宽 28、厚 29~40 厘米。石条平铺的墓顶之上再平铺青砖，主要是铺于石条缝隙之上，纵向两排，残剩横向四至五排，砖与砖间用石灰黏合。顶上平铺的青砖既可起到密封墓室之用，可防止封土的流失。（图版二七：1）墓底交错平铺三层青砖，中间一层青砖留有环形的排水暗道，平面呈矩形在墓底环绕一周。左室墓底砖已残剩两层，底部的排水道裸露出来，刚好将排水道的形制布局显露无遗（图版

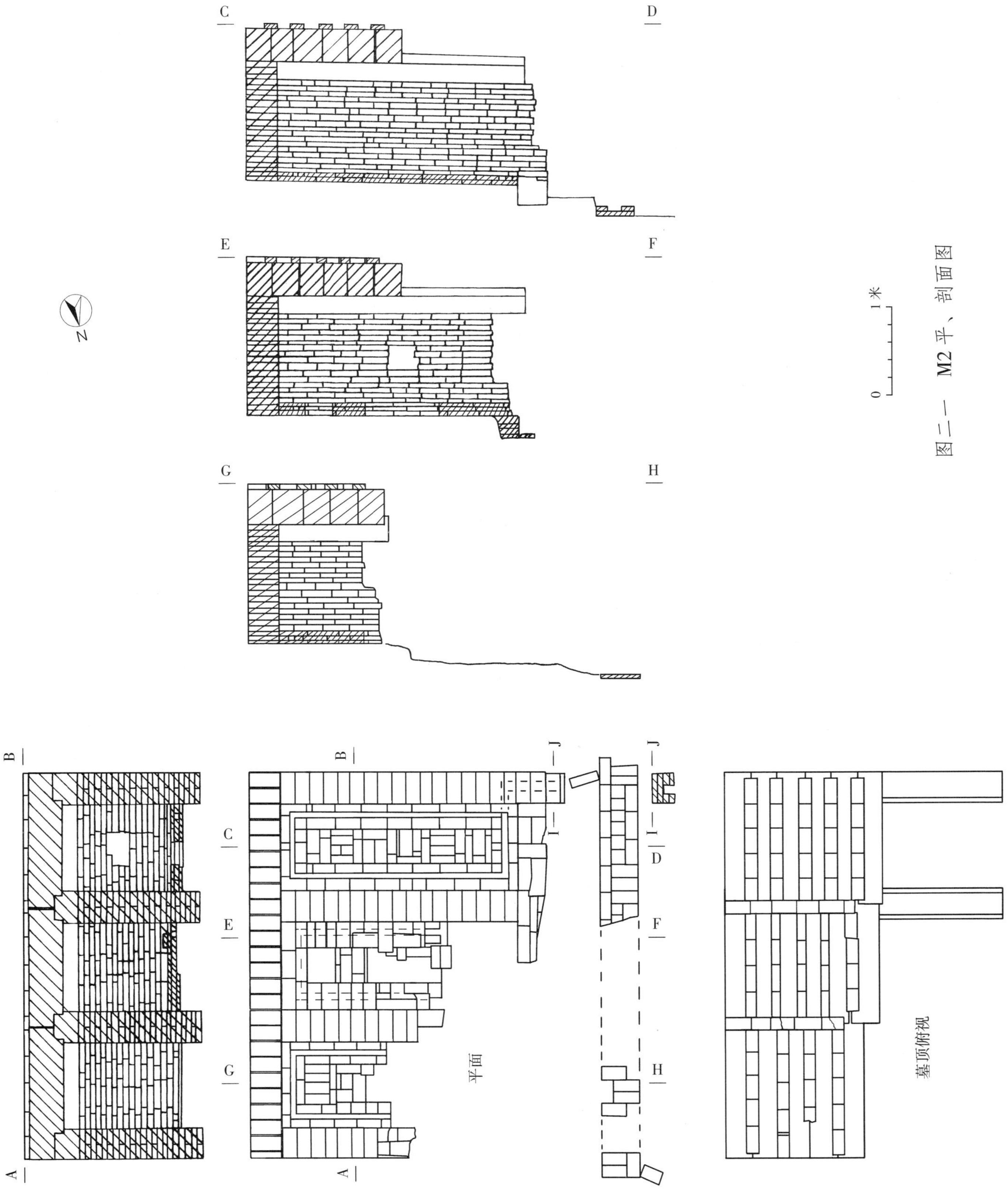

图二一　M2平、剖面图

二七：2）。中室、右室底部遭到了不同程度的破坏。左室前部发现有从墓室内径直向前排出的砖砌排水道，水道向前延伸约 0.6 米后折拐向右呈横向，不完整的排水道遗迹延伸至墓室右前侧后消失。排水道下部用凿砌平整的基岩作底，两侧纵向平砖作壁，上部又以双层的横向平砖作顶，水道内宽 9、高 13 厘米。推测中、右室前也有排水道伸出汇至横向排水道。墓砖规格为（32~36）×（15~17）–（5.5~6) 厘米。

浙江宋墓的地下墓室，主要有五种类型：（甲）土坑墓、（乙）砖椁券顶墓、（丙）砖椁石顶墓、（丁）石椁石顶墓、（戊）石椁石顶上再覆以券顶的双顶墓。丙、丁两类较多出现于北宋中期以后，至南宋普遍盛行。丙、丁、戊三类不分士庶。[1]该墓虽未发现可明确纪年的随葬品，但从其形制来看，年代应该为南宋时期。

二　M25

M25 位于西坟山西南坡，北距 M2 约 120 米，西北距 M31 约 320 米，该墓清理前地表覆有深约 50~80 厘米的表土。

1. 墓葬形制

M25 坐东北向西南，方向 234°，为一座长方形并列双室墓，通长 2.71、通宽 2.82、残高 0.36 米。由长方形青砖和板瓦混合砌筑，墓顶在清理前已被破坏。左室左壁用板瓦叠砌，仅残剩两层，底层向后倾斜侧砌，保存较好；第二层仅剩前小半部分，向前倾斜侧砌。前壁整体是用平砖横向错缝砌筑，残剩五层，部分青砖顺向平砌，向外凸出。右壁顺向砖错缝平砌，也残剩五层。后壁同前壁砌法相同，也是残剩五层。墓底不铺砖。左室前部放置素瓷四系盖罐 1 件，出土时罐身与盖已分离，罐盖倒置于左室前部靠近前壁内侧；罐身已倾倒，位于左室左前角。罐盖最右侧略靠后部出土 1 件青釉瓷炉。右前角、左后角、右后角均平放方砖 1 块，应为垫棺砖。右室左壁通过局部的横向平砌砖与左室右壁相连，砌法与后者相同。右室的前壁、后壁及右壁与左室的前壁、后壁及左壁砌法相同，右室右壁的板瓦剩最下的两层，上层前部少量板瓦遭到扰乱。右室左前部出土青釉瓷碗 2 件，其中 1 件靠近左壁；前部散落有 4 枚铁棺钉；后部左、右各有 1 件方砖，右侧的方砖残破严重；右后角发现有 1 枚铁棺钉。（图二二；图版二八：1）

2. 随葬品

墓室内出土有素瓷盖罐、青釉瓷炉、青釉瓷碗、陶方砖、棺钉等器物共 10 件（组）。（图二三）

素瓷盖罐　1 件。

M25 ：1，带盖。盖顶较平，无纽，弧腹，略残。罐为子母口，方唇，略残。溜肩，深弧腹，有轮制旋痕，平底略内凹。暗红胎，无釉。口径 4.6、腹径 16.2、底径 8、通高 25.2 厘米。（图二三：1；图版二八：2）

[1] 浙江省文物考古研究所：《浙江宋墓》，第 159 页，科学出版社，2009 年。

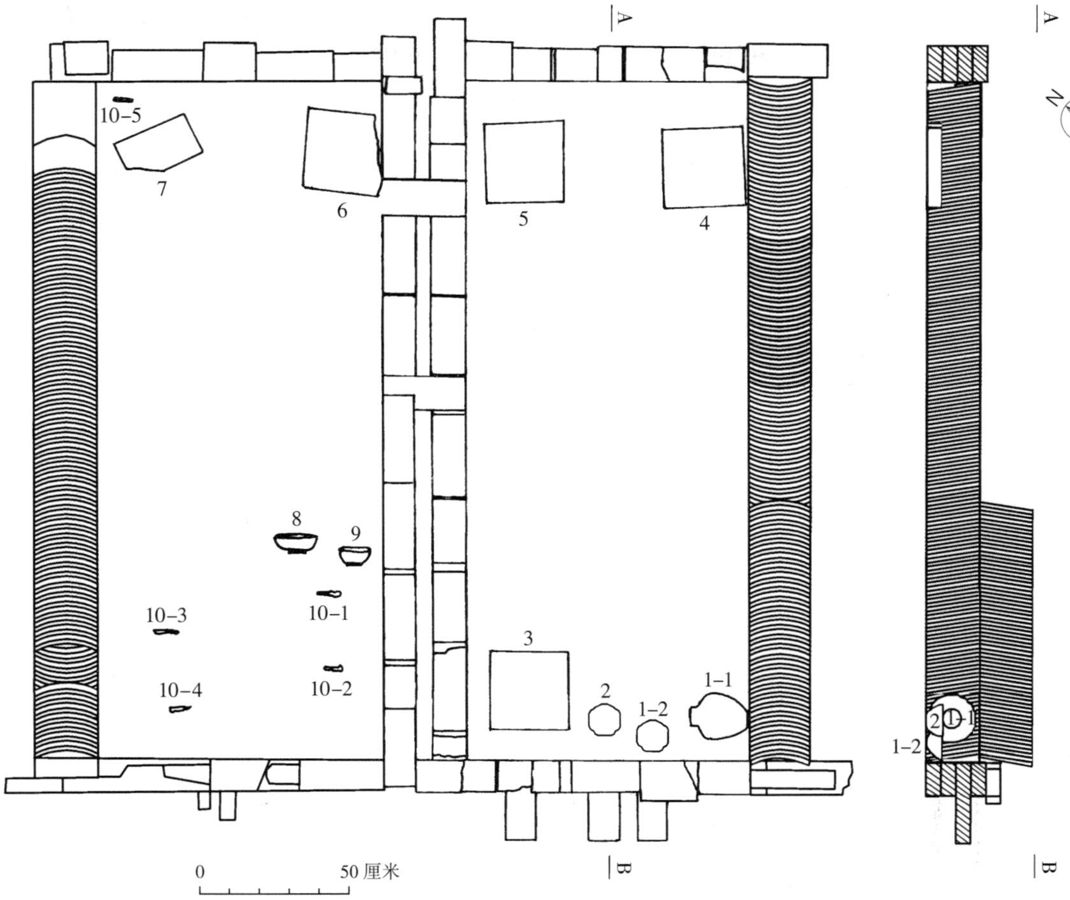

图二二　M25平、剖面图

1. 素瓷盖罐　2. 青釉瓷炉　3~7. 方砖　8、9. 青釉瓷碗　10. 铁棺钉（5枚）

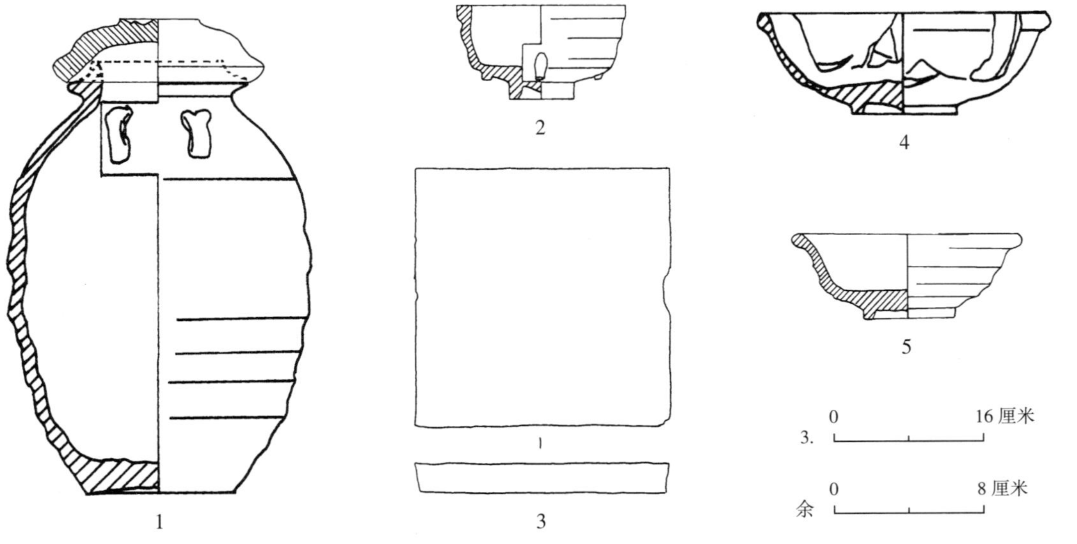

图二三　M25出土器物图

1. 素瓷盖罐（M25：1）　2. 青釉瓷炉（M25：2）　3. 灰陶方砖（M25：3）　4. 青釉瓷碗（M25：8）　5. 青釉瓷碗（M25：9）

青釉瓷炉 1件。

M25：2，口微敞，方唇，弧腹近直，近底三悬垂足，底近平，内底有轮旋痕，圈足，露胎。白色胎，胎质较细腻，露胎处呈火石红色，外壁施青釉，釉色莹润。口径9.2、足径3.5、高5.1厘米。（图二三：2；图版二九：1）

青釉瓷碗 2件。圆唇，弧腹，圈足。

M25：8，残破，已复原。灰色胎，通体施青釉。口径16.2、足径5.8、高5.6厘米（图二三：4；图版二九：2）。

M25：9，完整。腹部有凹痕。口径12.8、足径5.1、高4.6厘米。（图二三：5；图版二九：3）

方砖 5件。近正方形，青灰色陶质，3件较完整，2件残。

M25：3，近正方形，青灰色，略残。边长约27.7、厚3.4厘米。（图二三：3；图版二八：3）

棺钉 1组（8件）。有3件出自填土中，5件出自右室。均为带方形钉帽的四棱锥形，均已残锈。（图版二八：4）

三 M27

M27位于将军山南坡，西北距M31约130米，东南距M2约190米，距M25约230米，清理前地表覆有深约60~90厘米的表土。

1. 墓葬形制

M27大致坐北向南，方向192°，为一座长方形土坑石板盖顶墓，长2.35、宽1.1、高0.8米。该墓由砾石、石板等材料砌筑而成。先顺着山坡的走向下挖一条长方形的土坑，坑长2.07、宽0.54、高0.3~0.4米。之后在土坑的前、后壁内侧从底部向上垒砌的砾石至顶部，形成墓室的前、后两壁；在土坑的两侧壁上部外侧垒砌砾石至顶部与前、后壁基本平齐，形成墓室的左、右两壁。所用砾石径约10~20厘米，大多数为扁长形。四壁砌筑完成后，在顶部平放长方形石板作为墓顶。石板共四块，横向放置，纵向排列，每块石板长117、宽38、厚10厘米。墓顶上方靠前部放置有相互扣合的两块曲尺形石条，后部斜放一块带凹槽的石条，不甚规整，可能是后期扰乱的缘故。在墓顶之上散落有砾石块，像是原来特意铺上的，可惜被破坏的很严重。墓室中部有一块竖向的石板支撑住墓

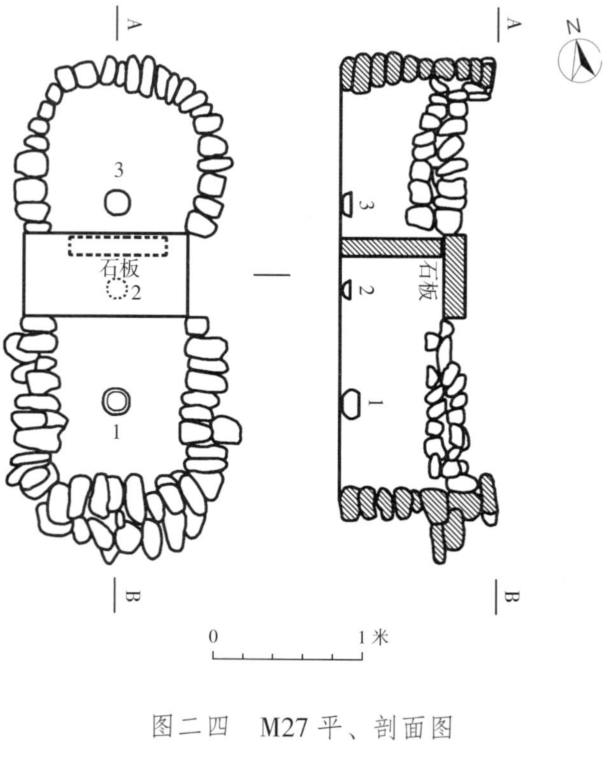

图二四 M27平、剖面图

顶，宽45、厚9、高48厘米。墓室底部未铺砖。墓室前部随葬1件褐釉瓷罐，中部放置1件黑釉瓷盏，后部出土1件青釉瓷碗，3件器物基本上在一条中轴线上。（图二四；图版三〇：1、2）

2. 随葬品

墓室内出土褐釉瓷罐、黑釉瓷盏、青釉瓷碗等随葬品共3件。（图二五）

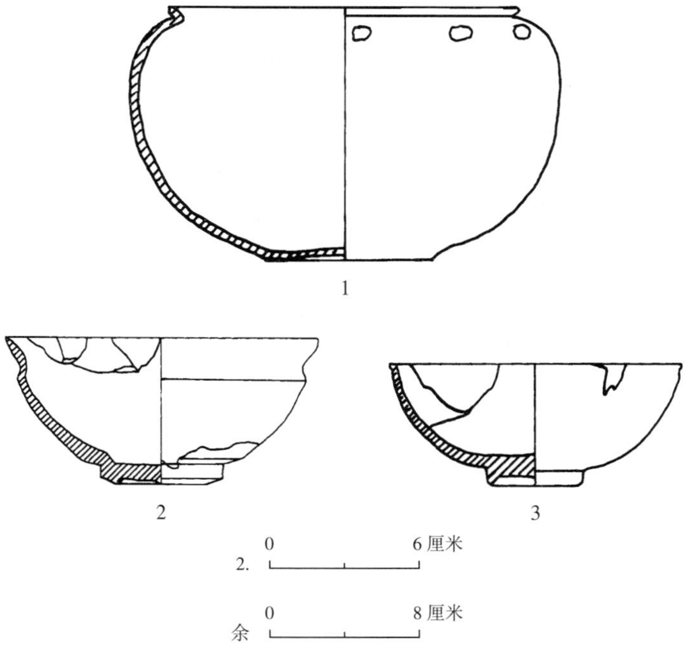

图二五　M27出土器物图

1. 褐釉瓷罐（M27：1）　2. 黑釉瓷盏（M27：2）　3. 青釉瓷碗（M27：3）

褐釉瓷罐　1件。

M27：1，尖圆唇、沿外侈，束颈，丰肩，圆弧腹，最大腹径在上腹，平底略内凹。灰色胎，较纯净。除底部外，内、外壁通体施酱褐色釉。器物肩部以露胎的形式形成点彩装饰。口径18.6、腹径22.8、底径8.8、高13.2厘米。（图二五：1；图版二九：4）

黑釉瓷盏　1件。

M27：2，束口，尖圆唇，外弧腹，圈足，圈足外壁向内斜削。口沿局部略有残缺。白色胎，胎质较细腻。除下腹和圈足外，通体施黑色釉，釉层较厚，局部有流釉。口径12.4、足径4.9、高5.8厘米。（图二五：2；图版二九：5）

青釉瓷碗　1件。

M27：3，尖圆唇，敞口，弧腹，圈足，口、腹部局部残缺。白色胎，胎质较细腻。内、外壁均施青黄釉，釉色莹润，有冰裂纹。口径15.6、足径5.2、高6.5厘米。（图二五：3；图版二九：6）

四　M42

M42也位于将军山南坡，西北距M31约30米，东距M27约90米，东南距M2约260米，距M25约300米。清理前地表覆有深约20~130厘米的表土。

M42坐东北向西南，方向210°，为一座外有砾石环墉的砖砌双室墓。墓葬整体呈后高前低的斜坡形，由砖砌墓室、墓前的排水道、环道和环墉四部分组成。（图二六；图版三一：1、2）

墓圹位于大半圆形的砾石环墉中部，顺斜坡形的地势往下开凿而成，平面呈不太规整的方形，纵向长3.45、宽3.5、残高0.8~1.38米。墓圹附近的填土呈黄褐色，其中包含大量砾石块，北面靠近底部为基岩。在墓圹中用青灰色长方形砖紧贴圹壁砌筑墓室。墓室为长方形并列双

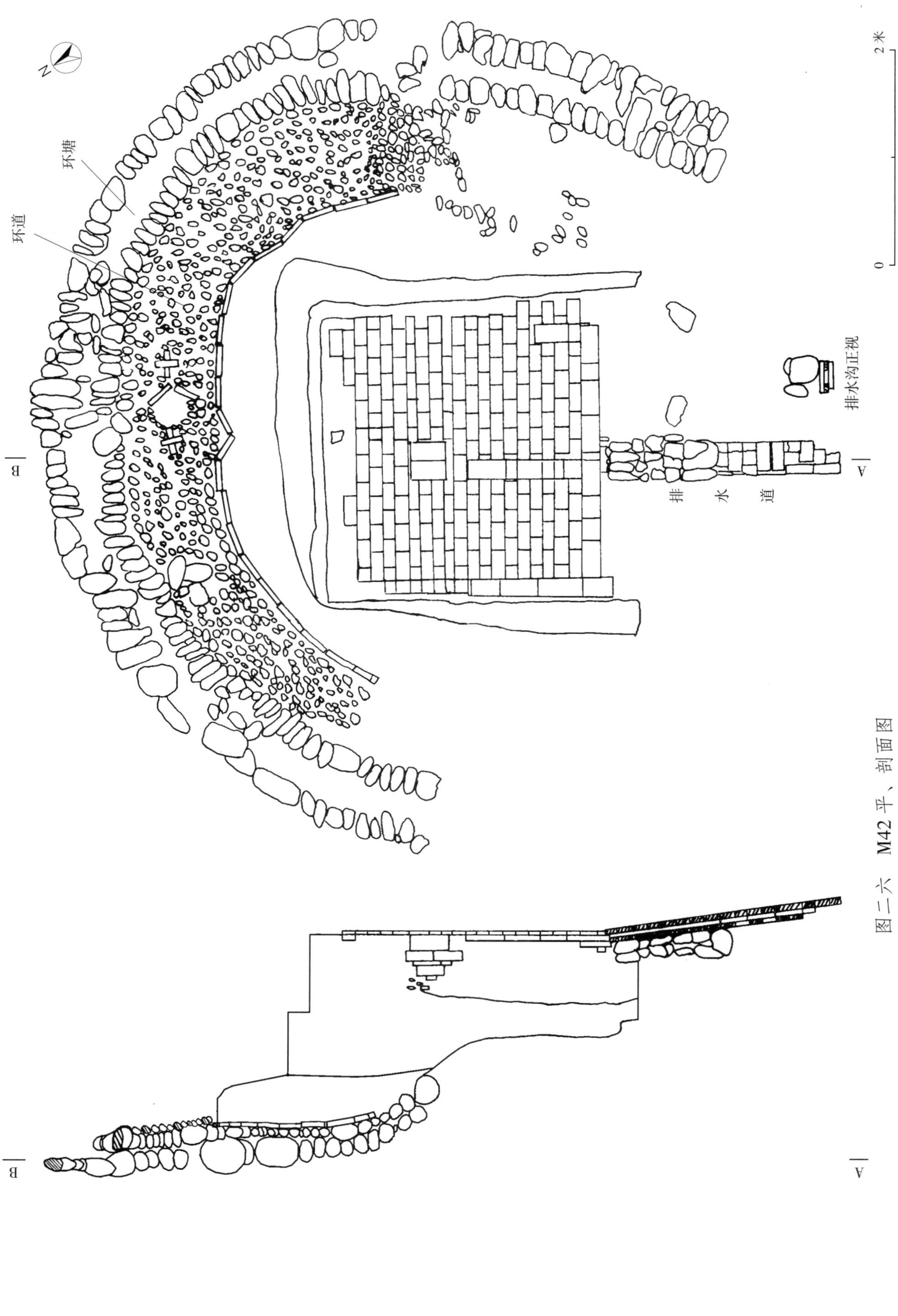

图二六 M42平、剖面图

室，纵长 2.68、横宽 2.5 米。墓室遭到严重破坏，墓壁砖已遗失殆尽，其中左室左壁和两室共用的后壁砖已全部被破坏。两室之间的隔墙残剩一至三层顺向平砌的青砖，残高 0.1~0.18 米；右室右壁局部残剩五层砖，残高 0.4 米；前壁残剩四层砖，残高 0.22 米。从残留的砖壁痕迹来看，左室左壁、右室右壁与隔墙均为平砖顺向砌筑，前壁为平砖横向砌筑。右室右壁外侧与圹壁之间残剩有四层砖，第一、三层顺向侧砌，第二、四层为顺砖平砌。墓底铺砖，中部及后部部分被揭掉，为横向错缝平砌。铺地砖长 26~26.5、宽 12.5~12.8、厚 3.5 厘米。墓壁平砌砖规格稍大，长 33.8~34.5、宽 16.5~17、厚 5.2~5.5 厘米。（图版三二：1）

墓室前端正中砌筑有排水道，向前直通墓外。排水道通长 2.26、宽 0.3、高 0.13 米。靠近墓室约 1 米长的一段上部以径约 15~25 厘米的砾石和砖块覆盖，前、后两端用砾石横排垒砌，中间部分填塞碎砖块，后端的砾石稍小，分上下两层垒砌，上层 4 块，下层 3 块；后端的砾石较大，仅用 3 块垒砌一层。排水道用青砖砌筑，共分三层，下层和上层为横向平砌，中间一层两侧纵向平砌较窄的青砖，中间留排水道。排水道遭到一定程度的破坏，大部分青砖已断裂。上、下两层的横砌砖长 26~26.5、宽 12.3~12.8、厚 3.6~4 厘米；中间的横向窄砖长 25~25.3、宽 8.7~8.9、厚 4~4.2 厘米。排水道自后向前逐渐倾斜。（图版三二：2）

环道位于墓室两侧及后部，将墓室包围于内。环道主要用径约 5 厘米的小砾石铺砌而成，宽 0.7~0.9 厘米。环道后端中部有一个六边形的小坑，壁面用青砖侧砌，现仅存东部三砖。坑内未发现遗物，径约 44、深 14 厘米。小坑的两侧各有一砖砌的“十”字形装饰，纵向一完整的侧置青砖，横向为两块断砖一条线侧置于两侧，青砖嵌于环道内，上部与环道的路面平齐。左侧的“十”字形装饰纵长 17、横宽 22 厘米；右侧的纵长 19.5、横宽 25 厘米。环道内侧用一排横向侧砌的青砖墙作为边缘。青砖墙中部用两砖砌成向前凹的“V”字形，纵长 18、横宽 48 厘米。砖墙侧砖有两种规格，一种长 30.5~30.8、宽 15.3、厚 4.8~5 厘米；一种长 29.7、宽 10.1、厚 4.8~5 厘米。

环墉整体呈后高前低的大半圆形，紧贴环道外侧缘，主要用砾石和砖块、石块砌筑而成。内缘用径约 20~30 厘米的砾石垒砌上、下两层，外缘用径约 20~45 厘米的砾石垒砌一层，之间用碎石块和砖块填塞。环墉宽 0.65~0.75 米，整体横宽 7.8、残纵长 6.56 米。环墉之外散落不少砖块和素面瓦片，瓦片均已残缺，宽约 23.5、厚 1.5 厘米。

墓葬被扰十分严重，仅在墓底中后部发现北宋徽宗赵佶政和年间（1111~1117 年）铸造的“政和通宝”铜钱 1 枚，基本完整，篆书，对读，径约 2.7、厚约 0.1 厘米，残锈严重。（图版三二：3）

第五章　结　语

洪起畏夫妇合葬墓规模宏大，结构复杂，布局严谨，为江浙地区历年所发现宋元时期墓葬所罕见，为当地宋元时期的墓葬研究提供了非常重要的实物资料。所出土的墓志记述内容极为丰富，对于研究南宋后期的历史具有重要的证史和补史作用。

第一节　洪起畏夫妇合葬墓的营建方法和形制特征

一　营建方法

洪起畏夫妇合葬墓由抱手、封土、墓前建筑、墓室、排水道等五个部分组成，其间紧密相连接，浑然一体。从墓葬周围环境和每个组成部分的特征来看，该墓营建的方法与步骤如下：

第一步，选址。在山的阳坡，即将军山西南坡，选择两侧有凸起小山脊的低凹处作为墓葬的营建之地。

第二步，下挖墓圹与排水道。在低凹处下挖长方形墓圹，圹底用青砖平铺三层地砖，地砖最下层留出四条纵向排水道，水道两端通过横向水道相通，并在前端砌留左、中、右三个开口向墓圹外引出，对应墓圹之外的三条纵向排水道，向前伸出 3.3 米后，通过横向排水道将其沟通。横向排水道中部留出开口，自此呈斜“Z”字形向前伸出：先向右前延伸，然后向左前延伸，再向右前延伸至抱手之外。“Z”字形排水道沟槽较深，以青砖砌筑左、右壁及底部和盖顶。当然，整个排水道呈后高前低之势，便于水流向前排出。

第三步，砌筑主室砖室和封门的纵向内凹石条部分。圹底平铺三层砖之后，砌筑左、右两室的墓壁，后壁为四重砖墙，外侧壁和中间的隔墙均为五重砖墙，非常坚固。两室分别独立起券，左室平砌十六层青砖后开始起券，右室平砌十四层青砖后起券。两券顶之间用青砖错缝填塞，使顶部成为中间高两侧低的拱顶，再叠涩起券，形成一个两室共用的大拱券顶。主室左、右两室前壁留空。之后堆砌石质的主封门地栿，再叠砌好门身纵向内凹的石条，石条间用石灰涂抹加固、密封。门身横向石条暂时留空。

第四步，砌筑墓前建筑。墓前建筑应在砌筑主室砖室部分的同时或之后砌筑。在排水道之上覆土，使其表面与原地表平齐。再将其周围（两侧有凸起小山脊的低凹处前部和右前角）进行平整，表面用径约 5~20 厘米的砾石平铺，即形成地坪。地坪中后部垫高后再铺砌砾石，成为拜坛。地坪右侧垫高，右前部平整为向前倾斜的坡状，均平铺砾石，成为通道。地坪、通道的边缘下挖沟渠，渠壁及底部用较大的砾石叠砌或平铺，即形成内、外两条水渠。水渠后高前低，可较好地排掉墓前建筑周围的积水。

第五步，修整两侧凸起的小山脊。对两侧凸起的小山脊进行修整，便于在其上夯土成为较规整的抱手。

第六步，夯筑封土。夯筑的封土仅限于主室砖室部分和左抱手之上，墓前建筑则裸露于当时的地表之上。首先在墓室两侧堆土夯筑（即第29和30层堆积），用以加固墓室。其次在墓室顶部用黏土、风化砂岩颗粒、碎石、石灰等混合而成的材料夯筑，非常坚硬，与水泥相似（即第26、27、28层堆积），为加固、密封墓室的最主要部分。然后于墓室两侧前部夯筑堆土（即第25层堆积），加固墓前的封门石条。再用径约5~10厘米的灰黄色黏土块和径约0.5厘米的风化岩石颗粒夯筑而成的堆积覆盖其上，即第12~24层堆积。最后在其上又覆盖用黏土块和风化岩石颗粒夯筑而成的堆积，并延伸至左、右抱手之上。尤其是左抱手之上，夯筑的堆积达11层，即第①~⑪层堆积，使原来较低的左抱手山脊高度基本与右抱手对称平齐。

第七步，砌筑左、右耳室。在两室前端外侧分别砌筑平面呈长方形的耳室，两耳室对称、朝向相对。

第七步完成后，即开始下葬墓主，在主室内放置葬具与随葬品。

第八步，砌筑砾石垣墙。先左室，用砖墙封砌左室前壁后，又用横向石条叠砌封门；用小砾石堆填埋左室墓志，再用大的砾石砌成围绕墓志的近方形左室砾石垣墙。后右室，右室封门后，摆放墓志，用大的砾石砌成围绕墓志的近方形右室砾石垣墙。

至此，整个墓葬的砌筑完工。

二　形制特征

1. 浙江地区南宋墓葬的形制特征

浙江地区历年发现的南宋墓葬数量众多，此处仅对目前所公开发表的材料且形制规模与洪起畏夫妇合葬墓较为接近的几座大中型南宋墓葬的形制进行简要叙述。

浙江地区目前公开发表的此类南宋墓葬材料以桐庐象山桥南宋墓、龙游寺底袁宋墓M33、M35、湖州风车口南宋墓M4、金华南宋郑刚中墓、云和正屏山南宋墓和龙游县高仙塘南宋徐季陞墓[1]较为典型。

桐庐象山桥南宋墓为2004年4~6月发掘。该墓由地上的石砌围墙、砖砌环墉、环道、砖砌地坪、圆形封土、砖砌环形水渠（原文表述为：周围环以排水明沟）、通道（原文表述为：正面留有入口）、入口前方的祭祀建筑组成。围墙直径14.86米。地下墓室分左、中、右三室，均为长方形的拱顶砖室墓，壁面抹有石灰，墓底未铺砖。中室底部铺设有排水暗沟。中室长3.5、宽1.66米，左室长3.48、宽1.7米，中、左室为夫妻合葬。右室长2.5、宽1.3米。

龙游寺底袁宋墓M33为2004年7~11月发掘。该墓为一座南宋墓葬，由地上两侧的砖砌围护墙、砖砌封土圈、3/4圆形封土、拜坛、通道组成。两侧围护墙间距约10米。地下墓

[1]《桐庐象山桥南宋墓》、《龙游寺底袁宋代墓地》、《湖州风车口南宋墓地》、《金华南宋郑刚中墓》、《云和正屏山南宋墓》，均见于浙江省文物考古研究所编著《浙江宋墓》一书。龙游县高仙塘南宋徐季陞墓的材料见上书第155页。

室为长方形竖穴石椁石板顶墓，墓壁以红砂岩条石砌成，内壁抹石灰面。墓底正前方通出一条砖砌排水暗沟，截面呈“回”字形。墓室长 3.3、宽 1.76、高 160 米。

龙游寺底袁宋墓 M35 由地上的砖砌围墙、砖铺环道、封土圈、1/2 圆形封土、拜坛、台阶式通道组成。封土立面残存有地面建筑基础。环道左、右两侧有条砖与砾石包面的台阶，通道台阶则为砖砌。地下墓室为长方形砖椁石顶的双室并列夫妻合葬墓，墓底局部铺砖，左、右室隔墙下有通往前方的排水暗沟，沟底以筒瓦首尾扣合而成。左室长 2.6、宽 1.3、高 1.36 米，右室长 2.66、宽 1.24、高 1.36 米。

湖州风车口南宋墓 M4 为 2005 年 3~6 月发掘。该墓上前部有三开间的砖砌祭祀建筑，面阔 8.2、进深 3 米。建筑地基用大量砾石、沙土夯实。建筑前部有石砌台阶式通道通往山脚。地下墓室为一座长方形竖穴土坑墓，以裸露的基岩作为墓底，长 2.9、宽 1.9、高 2 米。

金华南宋郑刚中墓为2006年5~8月发掘。该墓由地上的砖砌须弥座封土、环墉、墓前建筑、阙、神道和地下墓室、墓道、砖砌排水沟组成。地下墓室为长方形并列双室，在山岩中开凿而成，左、右及后边为基岩，前边为墓道。两室之墓框为两层长方形砖错缝平砌，中间隔墙为两、三层砖。墓顶可分为三层，最下一层每墓两侧用长方形砖纵向平砌，中间以楔形砖横向侧砌；第二层每墓两侧用三层长方形砖纵向平砌，中间为长方形砖纵向侧砌，该层上两墓室之间的沟槽内填以杂土、砖块等，与两墓室顶部平齐，再之上纵向平砌长方形砖一层，也即第三层砖，以使墓室顶部形成一个完整的整体。换句话说，该墓室为两个并列拱券顶墓室之上再平砌一个总的墓顶。墓室后壁有小壁龛，两室前部南侧各立放墓志一方。封门墙用长方形砖错缝平砌，前部用整块砂岩石块作封门石。

云和正屏山南宋墓为 2007 年 4~6 月发掘。该墓由地上的围墙与环道、环墉、封土、封土正立面的须弥座装饰、墓穴、拜坛、台阶、坟坛、道路、墓祠、墓祠下方的第四级台地和地下的墓室组成。墓室为双室并列的长方形石椁石顶墓，左、右室大小规格相同，长 2.96、通宽 2.56 米，推测原高约 1.3 米。两室之间的隔墙下设有排水孔，与墓室外的陶排水管道贯通，自墓底通出的排水管深埋地下，径直穿越拜坛及拜坛前的台阶下方。墓室内原先放置有圹志（墓志）。

纵观以上几座浙江地区南宋时期的墓葬，可以看出它们具有以下几个特征：

（1）墓葬多包括地上和地下两个部分构筑物，且地上部分规模较大。

（2）墓葬多由地上的围墙、环道、封土、拜坛、通道和地下墓室、排水道等组成，部分还有水渠、神道或墓祠等。

（3）除封土外，墓葬地上构筑物所用材料多为青砖，部分地基为砾石铺砌；地下墓室多为青砖砌筑，少数石板盖顶墓和竖穴土坑墓。

（4）墓葬构筑物的平面布局呈中轴线对称分布，主要建筑设施位于中轴线上。

（5）地下排水道多为青砖砌筑，个别为陶管铺设或筒瓦扣合而成；且排水道多从墓室底部径直通往前部将水排出。

2. 洪起畏夫妇合葬墓形制特征

洪起畏夫妇合葬墓既有江浙地区宋墓的一般特征，又具有自身的特色：

（1）洪起畏夫妇合葬墓包括地上和地下两个部分构筑物，与上述南宋墓葬相一致；地上部分纵长达60米，横宽达52米，占地面积约3000平方米。与上述几座南宋墓相比，规模宏大。

（2）洪起畏夫妇合葬墓由人工砌筑的左、右抱手、封土、拜坛、地坪、水渠、通道和地下墓室、排水道等组成，其间紧密相连接，浑然一体。该墓无围墙，其左、右抱手应具有围墙的功能，将墓室及地上的封土、拜坛等主要构筑物围护于内；拜坛周围的地坪可以对应其他南宋墓中的环道；封土、拜坛、通道和地下墓室、排水道与其他南宋墓相对应。

（3）除封土外，上述南宋墓葬地上构筑物所用材料多为青砖，洪起畏夫妇合葬墓则用大量的小型砾石砌筑，与湖州风车口南宋墓M4较为接近。地下墓室多为青砖砌筑，洪起畏夫妇合葬墓亦不例外，但后者两个小券顶上再覆盖大券顶的结构形式与金华南宋郑刚中墓较为接近。

（4）上述南宋墓葬构筑物的平面布局呈中轴线对称分布，主要建筑设施位于中轴线上。洪起畏夫妇合葬墓的抱手开口及通道位于右侧、地坪亦向右侧伸出的布局则呈非对称性，在整个浙江地区的南宋墓葬中非常罕见。

（5）一般南宋墓葬的地下排水道多为青砖砌筑，且多从墓室底部穿过墓前建筑底部径直通往前部将水排出。洪起畏夫妇合葬墓的排水道也是青砖砌筑，从墓室底部先前伸出，但至墓室之外则开始呈斜“Z”字形曲折向前，极具特色。

另外，洪起畏夫妇合葬墓的左抱手以人工堆土经过多层夯筑而成，围绕墓前砾石通道和平台的“S”形排水渠，均为江浙地区宋元墓葬所未见，极富时代与地域特色，为江浙地区宋元时期墓葬研究提供了一份珍贵的实物资料。

第二节　洪起畏夫妇墓志

所出土的郎氏与洪起畏墓志志文记述内容极为丰富，尤其是洪起畏墓志记述了南宋后期吴潜、贾似道、吴坚等重要的历史人物和宋元丁家洲之战、郑虎臣“杀公于道”等重要的历史事件，对于研究南宋后期的历史具有重要的证史和补史作用，弥足珍贵。

一　郎氏墓志志文内容

洪起畏夫人郎氏墓志一合，由志盖和志石组成。志盖记“有宋淑妇孺人郎氏之墓”，“千岁之下，陵谷变迁”、“仁人君子，幸为揜之”、“王珍刊”等内容。志石共367字。志盖和志石文字均为楷书，内容主要为郎氏世系及生平和洪起畏对夫人郎氏的怀念。

1. 郎氏生平及世系

郎氏讳惠柔，杭州临安人，生于宋宁宗嘉定辛巳（嘉定十四年，1221年）十月二十八日，死于宋理宗宝祐戊午年（宝祐六年，1258年）十一月三日，葬于理宗景定辛酉（景定二年，1261年）十一月。下葬时，郎氏享有命妇孺人封号。因郎伟早年跟随洪咨夔，便将女儿许配给了洪起畏。郎氏“生大家而有林下风，澹和简重，酷类其父”。在做洪起畏妻子的十九年中，“目不窥户庭，口不斥婢妾；慈俭不妬忌，始终如一日，族党中外称其贤”。“封子男女各一，男坤扆，习进士”，郎氏生有一男一女，男名坤扆。郎氏死因是“坐蓐感寒疾，岁遇寒辄发，医误投驶剂，至是遂弗可疗”。死后葬于邑之琅碧里湖塘山，即现在的浙江省杭州市临安锦城街道横街村郎碧自然村将军山南麓。

郎氏为武林侯郎简的远代子孙。郎简（968~1056 年），字叔廉，一字居敬、简之，自号武林居士，杭州临安（浙江临安）人。幼孤贫，借书录之，多至成诵。宋真宗赵恒景德二年（1005 年）进士，补试秘书省校书郎、知宁国县（现安徽宁国市），徙福清（现属福建省福州市）令。县有石塘陂，岁久湮塞，募民浚筑，溉废田百余顷，邑人为立生祠。调随州（今湖北随州市）推官。及引对，宋真宗赵恒曰：“简历官无过，而无一人荐，是必恬于进者。”特改秘书省著作佐郎、知分宜（今属江西）县，徙知窦州（今广东省信宜市）。县吏死，子幼，赘婿伪为券冒有其赀。及子长，屡诉不得直，乃讼于朝。下简劾治，简示以旧牍曰：“此尔翁书耶？”曰：“然。”又取伪券示之，弗类也，始伏罪。徙藤州（今广西藤县），兴学养士，一变其俗，藤自是始有举进士者。通判海州（今浙江省台州市），提点利州路（今属四川）刑狱。官罢，知泉州。累迁尚书度支员外郎、广南东路（今广东大部分地区）转运使，擢秘书少监、知广州，捕斩贼冯佐臣。入判大理寺，出知越州（浙江绍兴市），复归判尚书刑部，出知江宁府（今江苏南京），历右谏议大夫、给事中、知扬州，徙明州（今浙江宁波一带）。以尚书工部侍郎致仕。祀明堂，迁刑部。卒，年八十有九，特赠吏部侍郎。《宋史》录有其传。有郎简这样的祖上，郎氏果真是“生大家”。

郎氏父亲为郎伟。《咸淳临安志》卷六十一《国朝进士表》记载，郎伟为绍定五年（1232 年）进士，后为新丰君，曾任南昌尹。其他资料不详。

2. 洪起畏对郎氏的思念

郎氏墓志志文内容为洪起畏所写，除记述了郎氏的生平及世系外，也表达了洪起畏对郎氏的赞赏与思念。墓志记载“呜呼悲哉”、“ 庶以慰孺人之心于地下”，均表达了洪起畏对妻子去世的悲痛心情与思念，尤其是郎氏墓穴旁留有洪起畏的墓穴，“异日吾死而合焉，亦乐斯丘”，更说明爱妻郎氏在洪起畏心中的地位。事实上，洪起畏死后确实是与郎氏一起合葬。

二　洪起畏墓志志文内容

洪起畏墓志志文为行草体，所记主要内容大致可为以下三个方面：

1. 洪起畏世系与生平

洪起畏字义立，号拙全老人，生于南宋宁宗赵扩嘉定九年（1216 年）二月，死于元世祖忽必烈至元三十一年（1294 年）七月二十日，终年七十九岁。洪起畏世代居住在天目山下，南宋理宗赵昀宝庆三年（1227 年），洪起畏随祖父洪咨夔躲避洪水而迁至临安，以后就以临安为家。

洪起畏的曾祖父为洪钺，墓志记载曾为官太子少师。《咸淳临安志》卷六十七《人物志》云：“洪咨夔字舜俞，於潜人。父钺，号谷隐，有诗名。”《光绪於潜县志》云洪钺“号谷隐，有诗名，著有《谷隐诗集》。”

祖父洪咨夔字舜俞，於潜人，生于孝宗淳熙三年（1176 年），墓志载洪咨夔为端明殿学士□□□□□兼修国史兼侍读赠太师申国公，南宋理宗赵昀端平三年（1236 年）六月去世，谥号忠文，享年 61 岁。妻阮氏，封号周国夫人。洪咨夔为南宋宁宗赵扩嘉定二年（1209 年）进士，授如皋主簿，寻试为饶州教授，授籍田令、通判成都府。后升任秘书郎，迁金部员外郎。与王遂并拜监察御史。擢殿中侍御史，后为中书舍人，寻兼权吏部侍郎，与真德秀同知贡举，俄兼直学士院。迁吏部侍郎兼给事中。擢给事中，进刑部尚书，拜翰林学士、知制诰。加端明殿学士。一生著述甚丰，其遗文有《平斋文集》32 卷、《平斋词》1 卷，内容涉及诗、词、赋、制、告等，“自号平斋”。《宋史》、《咸淳临安志》等书均录有《洪咨夔传》。

父亲洪勳，为特进、端明殿学士，谥号文靖。母亲施氏，永宁郡人。《光绪於潜县志》云：“洪勳字伯鲁，咨夔长子，登淳祐四年进士第，少为崔与之、魏了翁所知，仕至兵部尚书，尝为词臣发明先皇与子之意，人称其有父气骨。卒，赠端明殿学士，谥文靖。”《咸淳临安志》卷六十一《国朝进士表》记载洪勳为淳祐四年进士，曾任两浙转运副使、户部侍郎等职。

洪起畏正室妻子郎氏被封为宜人，生大儿子名坤厚，次子谦厚。继室妻子周氏，生儿子名贤厚。洪起畏第三子贤厚孝顺友善且好学，但早年夭折。洪起畏有女儿四个，分别是福厚、端厚、淑厚、静厚。后有进士郎鼎臣入赘于洪家。

小时候，洪起畏深受祖父母喜欢，祖父母将其整日带在身边，亲自教育做人、读书。年轻时，洪起畏通过考试得以做州县官吏，在任期间廉洁谨慎，被吴渊、马光祖、吏部的王致远所赏识，吴渊、王致远两先生尤其器重洪起畏。

洪起畏在州县做官二十来年。宋人周密著《癸辛杂识》[1]：“瑞州高安县旌义乡郑千里者，有女定二娘。己酉（注：南宋理宗赵昀淳祐九年，1249 年）秋，千里抱疾危甚，女刲股和药，疾遂瘥。至次年，女出汲水之次，忽云涌于地，不觉乘空而去。人有见若紫云接引而升者，于是乡保转闻之县，县闻之州，乞奏于朝，立庙旌表以劝孝焉。久之未报，然乡里为立仙姑祠，祷祈辄应，远近翕然，趍之作会，几数千人。明年苦旱，军士复申前请。时洪起畏义立为宰，颇疑其有他，因阅故牒，密遣县胥廉其事。适新建县有阙氏者雇一婢，来历不明，且又旌义人，因呼牙侩讯，即所谓郑仙姑也。盖此女初已定姻，而与人有奸而孕，其父丑之，遂宛转售之傍邑，乃设为仙事以掩之，利其施享之入，以为此耳。昌黎《谢自然》、《华山女》诗，盖说可见，然则世俗所谓仙姑者，岂皆此类也耶？”可见洪起畏在州县为官时，对神话传说等持否定态度。

景定元年（1260 年）左丞相吴潜被罢相位，贾似道继任丞相，洪起畏开始官运亨通。先被贾似道提拔为郡守，后又被任用为枢密院属官枢掾，宰相属官宰属，出任诸路提点刑狱公事的浙右宪司，擢升卿□府转为工部将作监的畿漕。“贾公似道继相，后授以郡守，处□□，又为枢掾，为宰属，出为浙右宪，擢卿□府转漕畿”。因受到贾似道提携，墓志中一直尊称贾似道为“贾公似道”或“公”。

[1]《癸辛杂识》，第 181~182 页。

《癸辛杂识》："咸淳辛未（宋度宗赵禥咸淳七年，1271 年），正言陈伯大建议，以为科场之弊极矣，欲自后举始，行下诸路运司，牒州县先置士籍。编排保伍，取各家户贯，三代年甲，娶谁氏，兄弟男孙若干之数。其有习举业者，则各书姓名，所习赋经。子孙若凭所书年甲，如十五以上实能举业者，自五家至二十五家，而百家，百家而里正，许其自召其乡之贡士，结罪保明，批书举历，然后登士籍。一样四本，县、州、漕、部，各解其一，仍从县给印历，俾各人亲书家状于历首，以为字迹之验。不许临期陈状改易。或有随侍子弟，合赴曹牒，诸色漕试者，各令赍历先赴县批凿，前去各处状试。每遇唱名后，重行编排保伍取会。如有新进可应举者，续照前式保明付籍。或有事故服制者，并画时申闻批凿。或毁抹，如虚增人名，妄称举子，其犯人与里正保伍，并照贡举条例施行。大意如此。御笔从行遍牒诸路，昭揭通衢。或撰《沁园春》云："国步多艰，民心靡定，诚吾隐忧。叹浙民转徙，怨寒嗟暑，荆、襄死守，阅岁经秋。虏未易支，人将相食，识者深为社稷羞。当今亟出陈大谏，箸借留侯。迂阔为谋，天下士如何可籍收？况君能尧、舜，臣皆稷、契，世逢汤、武，业比伊、周。政不必新，贯仍宜旧，莫与秀才做尽休。吾元老广四门贤路，一柱中流。"又有诗云："刘整惊天动地来，襄阳城下哭声哀。庙堂束手浑无计，只把科场恼秀才。"察院陈文龙上疏，颇有愤抑之意，遂以理少出台。自是士之有籍，严行天下，或稍有瑕疵，皆不敢有功名之望。士论纷纷，直至贾老溃师（贾似道芜湖丁家洲兵败）之后，台中首劾置士籍之陈伯大，变七司法之游汝，行公田之刘良贵，沮宽恩之董朴，称翁应龙为简斋先生，写万拜申禀之朱浚，欲变类田法之洪起畏焉。"此处提到洪起畏朝中为官时曾推行类田法，具体内容不详，但弊端较多，与当时推行的"置士籍"政策有关。

《咸淳临安志》卷五十《两浙转运》记载洪起畏咸淳八年七月为运判，十月罢[1]。洪起畏曾知临安府，"知临安府洪起畏请行类田"[2]，

咸淳九年（1273 年），洪起畏知镇江府。"洪起畏朝奉郎，咸淳九年任"[3]。"知镇江军洪起畏直敷文阁"[4]。德祐元年（1275 年）二月壬戌，"知镇江府洪起畏、知宁国府赵与可、知隆兴府吴益皆弃城遁"[5]。《元史》卷一二七《伯颜传》："（至元十二年三月癸酉）知镇江府洪起畏遁。"[6]《癸辛杂识》载："洪起畏知京口（近江苏镇江）日，乃北军入境之初，尝大书揭榜四境曰：'家在临安，职守京口。北骑若来，有死不走。'其后举郡以降，或为人改其末句云：'不降则走'。"德祐元年三月，"责洪起畏镇江自效"[7]。

墓志中对洪起畏守京口这件事只字未提，却提到宋恭帝赵显德祐元年（1275 年）二月，宋、元芜湖丁家洲之战时，洪起畏为贾似道的幕僚，任职参谋，任供馈钱粮的随军转运使。贾似道兵败被贬谪，受此牵连，洪起畏也被削籍流放到广邑（今云南）。墓志中提到的"名

[1]《咸淳临安志》，第 1768 页。
[2]《宋史》卷四五一《陈文龙列传》，第 13278 页。
[3]（清）高德贵、张九徵等纂，朱霖等增纂：《乾隆镇江府志》，载《中国地方志集成·江苏府县志辑 28》，上海书店，1993 年。
[4]《宋史》卷四七《瀛国公纪》，第 922 页。
[5]《宋史》卷四七《瀛国公纪》，第 926 页。
[6]《元史》卷一二七《伯颜列传》，第 3105 页。
[7]《宋史》卷四七《瀛国公纪》，第 927 页。

暂损以自警”表面看应是指丁家洲之战失败后洪起畏自己受兵败的牵连而名誉受损，事实上，洪起畏内心应是指守镇江这件事。

文献资料对德祐元年之后的洪起畏再无任何记载，墓志记载对此作了补充。芜湖兵败后，洪起畏“亦削籍流广邑”，德祐元年冬天，“除秩还里”，之后“率家人躬耕织以给衣食”，“晚读诗史，有会于心，即号拙全”。临死前洪起畏明确告诫后人自己死后应立即下葬，不受吊唁，不设斋会，不许修建奢华的墓冢。死后，洪起畏与其妻子郎氏合葬于郎碧里湖塘山。洪起畏墓志中洪起畏“自卜”墓地“邑之福昌乡下湖畈”与“郎碧里湖塘山”是否为同一地方，有待进一步考证。

2. 南宋后期的一些重要历史人物和事件

（1）志文中涉及的南宋后期的重要历史人物主要有吴渊、马光祖、王致远、吴潜、贾似道、孙虎臣、廖莹中、王庭、陈宜中、留梦炎和吴坚等。

（2）墓志中提及的重要历史事件主要是丁家洲之战和贾似道之死。

丁家洲之战是宋、元战争后期的一次决定性战役。丁家洲之战，南宋水陆两军主力几乎全部丧失，“已而芜湖师溃，国事已不可支”[1]。墓志记载，“往未几，江上有警”，元军亦进至丁家洲，与宋军相距数里。贾似道“出视师”。当时大将孙虎臣“畏惧弗战”，贾似道大怒，欲以军法相向，“将□面坐以军法”。“虎臣即阳为战，船锋甫交，解舟先退，军失帅，顷溃”。关于宋元丁家洲之战的详细过程，《宋史·贾似道传》[2]、《宋史·姜才传》[3]、《通鉴续编》[4]、《宋史纪事本末》[5]、《续资治通鉴》[6]、《元史·伯颜传》[7]、《元史·阿术传》[8]、《新元史·夏贵传》[9]、《宋季三朝政要》[10]等文献资料均有记载，但细节略有不同。《宋史·贾似道传》、《宋史·姜才传》、《通鉴续编》、《宋史纪事本末》、《续资治通鉴》均记载孙虎臣先遁，《元史·伯颜传》、《新元史·阿术传》、《新元史·夏贵传》却记载是夏贵先遁，《宋季三朝政要》记载是孙虎臣先告急，夏贵附和，然后才是贾似道鸣锣退兵。根据洪起畏墓志，此役首先是孙虎臣畏惧弗战，在贾似道的压力下被迫应战，孙虎臣却“阳为战，船锋甫交，解舟先退，军失帅，顷溃”，首先逃跑的是孙虎臣。洪起畏曾参加过这次会战，所以墓志所载似乎比较可靠。

关于贾似道之死，《宋史·瀛国公纪》[11]、《宋史·贾似道传》[12]、《宋史纪事本末》[13]、

[1]《宋史翼》卷一五《方大琮传》，第683页。
[2]《宋史》卷四七四《奸臣四·贾似道列传》，第13785~13786页。
[3]《宋史》卷四五一《姜才列传》，第13268页。
[4]《四库全书》，第332册，第960页。
[5]《宋史纪事本末》，第1148~1149页。
[6]《续资治通鉴》，第4942页。
[7]《元史》卷一二七《伯颜列传》，第3104~3015页。
[8]《元史》卷一二八《阿术列传》，第3122页，中华书局，1976年。
[9]《新元史》卷一七七《夏贵传》，第728页。
[10]《宋季三朝政要笺证》，第379~380页。
[11]《宋史》卷四七《瀛国公纪》，第927页。
[12]《宋史》卷四七四《奸臣四·贾似道列传》，第13787页。
[13]《宋史纪事本末》，第1155~1156页。

《通鉴续编》[1]、《续资治通鉴》[2]、《宋季三朝政要》[3]等书均有记载。上述文献中，多数记载贾似道是被郑虎臣所杀，其幕后主使为福王与芮。洪起畏墓志记载与文献记载不同，丁家洲战后，参政陈宜中“奏罢公□□其位而公未尝能也”，“则又诬以有异志，谪建，谪楯士”。“宜中□推丞行留梦炎为同列以助己。梦炎尝有憾于公者也，因合谋私遣小校郑虎臣杀公于道”。显然，墓志记载杀死贾似道的幕后主使是陈宜中和留梦炎，而具体实施杀贾似道的是“小校郑虎臣”。洪起畏作为当时的历史人物，对贾似道之死的记载应该有更高的可信度。

第三节　M2与“姑张令人茔”、“新丰君墓”

一　M2与洪起畏夫妇合葬墓关系

M2墓室与洪起畏夫妇合葬墓较为相近，可归纳为以下几点：

1. 墓室布局

两者墓室均为横向并列的墓室布局。不同的是前者为三室横向并列，后者为两室横向并列。当然多个墓室横向并列的布局在不同时代、不同类型的墓葬中都有出现。

2. 墓室规模

前者墓室残长1.86~3.34、宽4.3、高1.8~2.2米，后者纵长4.4、横宽4.56、通高2.38米。两者墓室尺寸差别不大。

3. 砖、石混用

两者墓室均用砖、石混合砌筑，以青砖为主砌成墓室的主体结构，局部用石条作为辅助。不同的是前者石条用于盖顶，后者石条用以封门。

4. 石灰的大量使用

两者墓室四壁的青砖缝隙之间涂抹石灰黏合，大大增加了墓室的封闭性与牢固性。前者石灰使用量较少，后者使用量很大，达数厘米厚。

5. 石条间以简单的榫卯结构相连接

两者墓室所用石条之间均以简单的榫卯结构相连接，相互扣合，使墓室结构更加牢固。

6. 墓底铺三层砖，下设排水暗道

两者墓室底部均平铺三层青砖。下层砖作为墓室和排水道的底部，中间一层青砖砌成环绕的排水暗道，上层砖作为排水道的盖顶，并承放棺椁、尸骨、随葬品等。

综上，不管是年代还是墓室构建，M2与洪起畏夫妇合葬墓似乎有某种关系。

二　“姑张令人茔”、“新丰君墓”与M2

郎氏墓志后半段提到“葬于邑之琅碧里湖塘山，距姑张令人茔百步，而远与新丰君墓南

[1]《四库全书》，第332册，第964~965页。
[2]《续资治通鉴》，第4964页。
[3]《宋季三朝政要笺证》，第400~402页。

北相直，三阡鼎峙，魂魄相从”。据此可知，郎氏墓，即洪起畏夫妇合葬墓，与姑张令人茔相距百步，与新丰君墓，即郎氏父亲墓则一南一北，三座墓呈鼎足之状分布，且均位于“邑之琅碧里湖塘山”附近。

“姑张令人茔”距洪起畏夫妇合葬墓百步。古时一举足叫跬（半步）；两足各跨一次叫步。步在古代是一个量词，各个时代每步的长度不一，一步的长度大致在1.2米至2米之间。“距姑张令人茔百步”中的“百步”应是指一个大致的约数，当是数百米的距离。

洪起畏夫妇合葬墓“远与新丰君墓南北相直”表明，前者与“新丰君墓”在平面位置上的关系是一南一北。但未说明前者南、后者北，还是前者北、后者南，也未说明两者之间的大致距离。

“三阡鼎峙，魂魄相从”说明，洪起畏夫妇合葬墓、“姑张令人茔”、“新丰君墓”三座墓葬呈三角形，且各墓之间距离较近，也在大概“百步”范围之内，即数百米远。

洪起畏夫妇合葬墓位于将军山南坡接近山脚处，其南面数百米之内现在为南苕溪北岸的山间谷地，现在种植有水稻、各种蔬菜和竹林，地势低洼，推测不会有古墓葬的（图版二：2）。其北部数百米之内为将军山南坡，山势较陡，种植有成片的竹林（图版二：1）。我们以2米间距的探孔对该区域进行了勘探，可惜未有发现。

因配合基建工程的需要，我们在洪起畏夫妇合葬墓的西部、东部山坡及东南部的西坟山西坡均进行了细致的勘探工作，唯一与洪起畏夫妇合葬墓年代、墓室规模、建筑材料、排水暗道设置及部分砌筑方法相近的。经过实地测量，M2距洪起畏夫妇合葬墓约280米。我们认为，M2很可能就是距离洪起畏夫妇合葬墓数百米的“姑张令人茔”或“新丰君墓”。

附录一

洪起畏夫妇合葬墓红色颜料分析

一　前言

洪起畏夫妇合葬墓分左、右两室，右室为洪起畏墓，左室为其妻郎氏墓，两室内部除顶部外均涂满红色颜料。右室发现残损的红色漆棺棺板一块。对比发现，墓室四壁的红色较棺板暗。对两种颜料样品进行了科学的分析测试，以期了解两种红色颜料的成分，因此更多地了解宋代颜料的使用情况、对宋代民间丧葬器具的材料组成、制作工艺有更加深入的了解。

二　实验部分

（一）样品

测试样品共有两个，LXF1 为红色漆棺样品（参见图版二〇：2），来自右室内部棺板腐朽后剩余的残块，表面沾有少量泥土，将其清理干净即可。LXF2 为墓室内壁红色颜料（图版二〇：1），用手术刀刮取，既有粉末状也有稍大的片状，以供不同的分析测试需要。

（二）仪器及测试条件

1. X 射线荧光光谱仪

德国 BRUKER 公司 APTAX 400 微区能量色散型 X 射线荧光光谱仪（EDXRF）。测试条件为：靶材 Mo，扫描时间为 300s，电压 30kv，电流 900μA。

2. X 射线衍射仪

日本理学株式会社 SmartLAB 型 x 射线衍射仪。测试条件为：铜靶，管电压 40kv，管电流 150mA，宽度 0.02°，扫描速度 15° /min。

3. 扫描电子显微镜—能谱仪

VEGA3XM 钨灯丝型扫描电子显微镜（捷克泰斯肯公司）、Genesis2000XMS 型 X 射线能谱仪（美国伊达克斯公司）。扫描电子显微镜测试条件：分析电压 20kv，使用背散射探头。能谱分析仪测试条件：工作距离 15mm，分析电压 20kv，每秒计数≥ 20000。

三　结果与讨论

（一）X 射线荧光光谱分析（XRF）

对 LXF1 进行 XRF 分析，结果见表一。可以看出，元素含量最高的为 Hg，占所有元素含量的 85.41%，其余元素应该为漆皮表面泥土等带来的干扰物。因此，可以推断红颜色的显色物质应该为矿物颜料朱砂，其化学成分为 HgS，由于 S 元素属于轻元素，XRF 法对其检测并不灵敏。因此考虑使用其他方法与此结果相互印证。

（二）扫描电镜—能谱分析

对漆皮样品进行扫描电子显微镜—能谱分析。共测两个点，分别编号为 LXF1-1、LXF1-2。图一、二为能谱分析结果，可以看出检测点的元素基本相同，但是峰高略有差异，表二直观表明各元素含量的差异。含量最多的元素为 C、O，为有机材料的主要成分，或许

表一　2013LXF1 XRF 分析结果（Wt%）

elem	K	Ca	Ti	Mn	Fe	As	Sn	Hg
LXF1	0.93	4.63	0.08	0.04	1.67	0.14	0.84	85.41

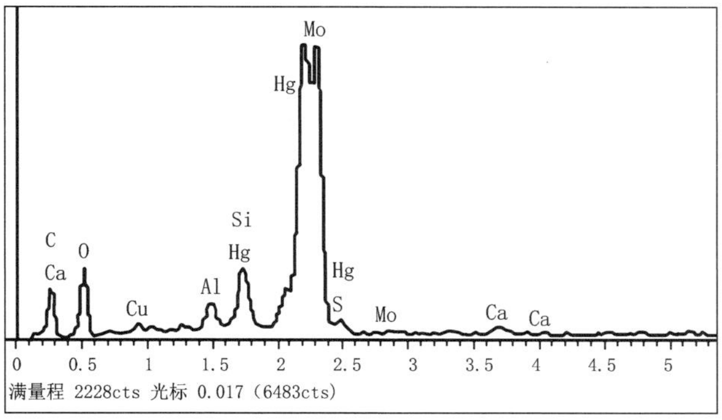

图一　LXF1-1 能谱图

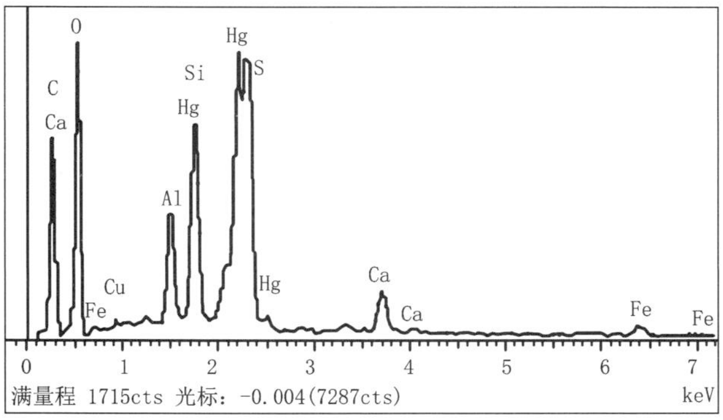

图二　LXF1-2 能谱图

表二　LXF1 能谱分析结果

Elem.	Wt.%	At.%		
	LXF1-1	LXF1-2	LXF1-1	LXF1-2
C	36.09	41.75	59.72	55.32
O	26.09	40.68	32.41	40.46
Al	0.81	1.35	0.59	0.80
Si	1.13	2.05	0.80	1.16
S	4.97	1.78	3.08	0.88
Ca	0.43	0.77	0.21	0.31
Fe	—	0.47	—	0.14
Cu	0.53	0.33	0.17	0.08
Mo	0.41	—	0.09	—
Hg	29.55	10.81	2.93	0.86
Hg/S(mol)	0.9485	0.9688	0.9513	0.9773

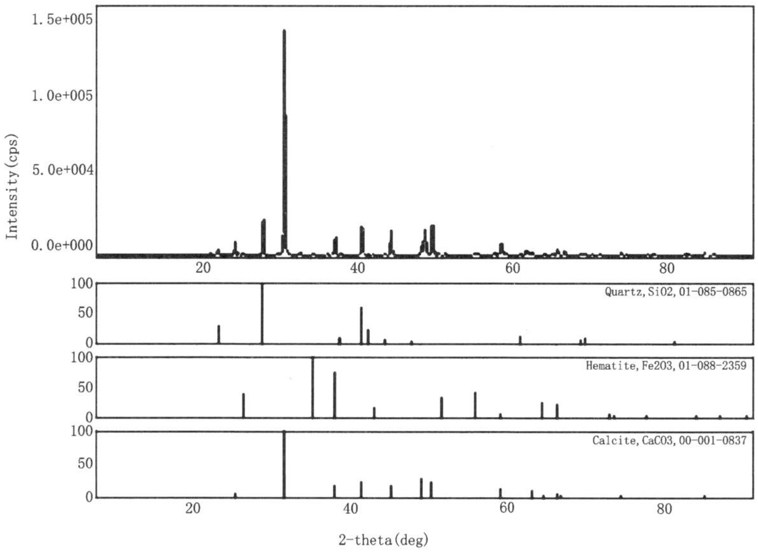

图三 LXF2XRD 谱图

为漆的干扰所致。与 XRF 分析结果一致，能谱图中显示出 Hg 元素的特征峰，并且同时出现 S 元素的特征峰。HgS 的分子式中 Hg 原子与 S 原子数目相等，比例为 1 ∶ 1，摩尔比也为 1 ∶ 1，通过表二可计算出 Hg/S 的摩尔比、原子比在 0.9485~0.9773 之间，接近于 1，因此可以说明 LXF1 的显色物质即为朱砂（HgS）。

（三）X 射线衍射分析（XRD）

对墓室内壁的红色颜料采用 XRD 分析，如图三所示，结果表明红色颜料成分主要为 $CaCO_3$、SiO_2 和 Fe_2O_3，$CaCO_3$ 和 SiO_2 应为颜料底层灰浆的主要成分，Fe_2O_3 即为 LXF2 的显色物质土红。

四 结论

通过实验并分析，得出如下结论：

（1）该墓葬内，墓室四壁涂刷的红色颜料与棺板红漆的颜料为不同物质。

（2）该墓葬墓室内壁所涂刷红色颜料显色物质为 Fe_2O_3，即颜料为土红颜料。

（3）墓葬内棺板上的红漆，显色物质为 HgS，即红色颜料为朱砂。

五 有关红色颜料的探讨

红色由于其颜色鲜艳、浓烈，并被赋予其热情、吉祥、尊贵、辟邪等象征意义，是中国人民最喜爱的颜色之一。古代使用的红色颜料主要为矿物颜料，常见的有以下三种：

朱砂。主要化学成分为 HgS，又称丹砂，辰砂。属于辉闪矿类，三方晶系，体重，质脆，片状者易破碎，粉末状者有闪烁的光泽，鲜红色或暗红色。

铅丹。分子式 Pb_3O_4，也称红丹，樟丹，是用铅加工制成的四氧化三铅 (Pb_3O_4), 大多数 Pb_3O_4 含量为 97%~98%，其余部分为 PbO。密度可达 8.9g/cm3，铅丹呈橙红色或橙黄色，色泽鲜艳，遮盖力强。

赭石和土红。显色的矿物均为三氧化二铁 (a-Fe_2O_3)，是人类所使用的最为古老的天然红色颜料。为氧化物类矿物刚玉族赤铁矿，黄红色至红褐色，原石伴随赤铁矿产出，这类颜料非常复杂，在黏土矿物中含有大量铁时显现红色为土红，显现赭色为赭石。

该墓葬中红色颜料鉴定为朱砂和土红，与此相吻合。值得思考的是，在同一个墓葬中相同的颜色为什么会使用两种不同的颜料？推测了以下几种可能性。

1. 制作工匠不同

首先，一座墓葬的营建，不是一人之力所能完成的，洪起畏墓在当时算是比较大型的，需要工匠数量较多，建造墓葬的工匠与制作棺木葬具的工匠应该是不同的，所以制作工匠的不同就会导致使用的材料也不尽相同。

2. 价格问题

朱砂和土红都是常用的红色颜料。土红在自然界中较朱砂更为易得，价格相对较低。尤其是从汉代开始，道教外丹派把朱砂誉为仙药上品第一位，主张服食，并且受到上层阶级所推崇；此外，方士“以朱砂为药物冶炼金银，然后用炼制出来的金银制作饮食器皿，可以有利于长寿”的说法也为帝王所相信。由于炼丹需要大量的优质朱砂、提纯金银等贵金属需要大量的朱砂用以炼汞，使朱砂的消耗量大为增加，导致朱砂价格偏高。宋代张温夫《酒仙诗》有“贵买朱砂，画月等米”的句子，诗文中也可以看出朱砂价格较高[1]。

因此在朱砂价格如此高昂的情况下，墓室内大面积的涂刷红色，采用价格低廉的土红无疑是一种节约成本的方法。

3. 防腐作用

墓葬中使用红色矿物颜料，最早可追溯到距今一万八千年前的山顶洞人，他们在埋葬死者时，在尸体上撒有赤铁矿粉末印迹；广西南宁的贝丘遗址，发现在人骨周围有撒赤铁矿粉的痕迹。在陶寺大、中型墓葬中都发现有朱砂粉末；在陕西扶风县齐家村发掘的西周墓葬中，有四座墓的墓室底部铺有朱砂；宝鸡益门村春秋晚期的秦国墓葬中，在棺内发现有厚达2~5厘米的朱砂层。从考古资料来看，在早期的墓葬中通常使用赭石，而后朱砂取而代之，在商周时期的墓葬中使用较多[2]。

朱砂是鲜红色的，与血液的颜色相近，而且其本身具有杀菌抑腐的功效，在死者身上撒涂朱砂的习俗是原始人灵魂不灭观念的具体反映[3]。与朱砂相比土红颜料颜色较暗，并且不具有防腐的功效，这也许是土红颜料逐渐被朱砂所取代的重要原因。

随着历史的流变，尸身周围撒播朱砂粉末这种习俗逐渐被朱红色的髹漆棺木所取代，从商周时期的蚌壳镶嵌与朱绘结合，到战国、两汉的绚烂漆绘，到清乾隆裕陵棺板采用当时盛行的朱红雕漆，无论技法如何改变、装饰如何繁复，但朱砂红永远是漆棺的主色调[4]。

4. 显色原因

天然生漆对入漆色料有严格的要求。凡锌、钡、铅、铁、钙、钠、钾等金属色料，一入漆即与漆中的乙酸起化学反应，色泽变暗甚至会成黑色，故不堪使用。凡金属与酸及漆中的乙酸不起化学反应的就能入漆，如金、银、汞、钛等贵重金属[5]。如上所述，朱砂的化学成分为硫化汞 (HgS)，入漆后颜色依旧鲜艳美丽，而土红化学成分为三氧化二铁（Fe_2O_3），入

[1] 王译敏：《朱砂红与古代中国视觉文化》，华东师范大学硕士论文 ,2011 年。

[2] 高志伟：《考古资料所见赭石、朱砂、铅丹及其应用》，《青海民族大学学报》，2011 年第 1 期。

[3]《考古资料所见赭石、朱砂、铅丹及其应用》。

[4]《朱砂红与古代中国视觉文化》。

[5] 路甬祥总主编，乔十光分册主编：《中国传统工艺全集·漆艺》，大象出版社，2004 年。

漆之后颜色会产生变化，因此不宜入漆做红色颜料使用。古代劳动人民未必懂得如此复杂的化学反应，但是漆器制作工艺在宋代已达到较高水平，凭借着以往制作漆器的经验，相信他们应该早已掌握了这一规律，因此土红不作为红色颜料入漆也是极为合理的。

以上便是个人对洪起畏墓葬内红色颜料一点小小的探讨，关于墓葬内红色颜料、漆棺等的研究还将继续进行，期待进一步的研究成果来完善对此问题的认识。

本文样品的检测得到了四川博物院巩梦婷、成都市文物考古研究所杨弢的热心帮助，特此致谢！

附录二

洪起畏夫妇合葬墓出土人骨的观察与测量

2014年，杭州市文物考古研究所会同临安文物馆对洪起畏夫妇合葬墓进行了考古发掘。该墓为双人合葬墓，双室并列，室内发现有部分人骨：左室中部和前部发现部分肢骨，左壁的一个盗洞内发现颅骨一个；右室中部发现部分股骨、肋骨等零星人骨。[1]2014年，笔者对该批材料中尚可辨别的人骨进行了初步的体质人类学研究。

一　材料与方法

该墓葬保存有体骨若干，主要为四肢骨和脊椎骨，多数破损严重，无法辨认。另保存有一例颅骨，除下颌骨以及额骨局部缺失外，其他部分保存完好。因为人骨出土位置扰动较大，且肢骨的保存状况欠佳，无法确定个体的归属，所以我们将颅骨与肢骨分开进行研究。本文对人骨的观察及测量主要依据参照《人体测量方法》[2]、《人体测量手册》[3]、《体质人类学》[4]等有关论著中的相关标准。

二　观察与测量

（一）颅骨部分

1. 性别与年龄鉴定

该颅骨整体大小中等，重量较轻，骨壁较薄。额骨部分，额结节较为明显，额鳞下部较为陡直，上部向后上弯曲，眉弓发育较弱，鼻根点几乎无凹陷，眶上缘相对薄锐；顶骨部分，顶结节较为明显，肌线和肌嵴较弱，保存完好的表面光滑而细致；枕骨部分，肌线和肌嵴较弱，表面光滑而细致，枕外隆突发育中等，上项线不明显，枕骨大孔大小中等；颞骨部分，骨面光滑而细致，乳突较大，乳突上嵴不明显，颧弓较细而平直，外耳门、下颌关节窝较小；颧骨部分，位置较低，整体纤弱；上颌骨部分，其眶下缘与颧骨眶下缘组成的眶部呈扁圆形，位置较高，牙齿大小中等，齿槽较为规整。（图版三三：1~5）

综合以上颅骨的性别特征，推断该个体性别为女性。

该颅骨上颌左右侧第三臼齿已萌出，左右侧第一臼齿咬合面中央凹陷，舌侧齿尖磨平，齿质点暴露，有扩大连成一片的趋势；左右侧第二臼齿咬合面中央凹陷，舌侧齿尖磨平，齿

［1］该资料由杭州市文物考古研究所提供。

［2］吴汝康、吴新智、张振标：《人体测量方法》，科学出版社，1984年。

［3］邵象清：《人体测量手册》，上海辞书出版社，1985年。

［4］朱泓：《体质人类学》，高等教育出版社，2004年。

质点略有暴露。颅骨冠状缝翼区段内缝愈合，外缝呈半愈合状态，前囟段内外缝均未愈合；矢状缝内缝呈半愈合，外缝均未愈合；人字缝右侧星点段内缝愈合，其他均未愈合；颅骨基底缝内外缝均已愈合。综合以上颅骨的年龄特征，推断该个体年龄为30~40岁，处于壮中年期。

2. 测量与观察

对该颅骨进行体质人类学观察与测量。该颅骨的主要体质特征可以概括为：颅形整体呈楔形，颅指数为83.91，属于圆颅型，颅长高指数为77.59，属于高颅型，颅宽高指数为92.47，属于中颅型。颅骨前面眶部呈扁圆形，眶指数I介于76.00~84.90之间，眶指数II介于83~88.9之间，均属于中眶型；鼻部梨状孔呈梨形，其下缘形态为鼻前窝形，鼻指数为46.3，属于狭鼻型；面部偏狭，面宽上面指数（sd）为54.24，属于狭上面型；上颌中门齿呈铲形，犬齿窝较浅。颅骨侧面前额陡直，额角为81°，额宽指数为60.96，属于狭额型；鼻根点凹陷不明显，鼻前棘为Broca II级；颧骨上颌骨下缘欠圆钝；面部垂直方向突出中等、水平方向扁平度偏大，鼻颧角为146°；上颌突出中等，面突指数为100.79，属于中颌型；乳突较大，翼区呈H型；枕外隆突发育中等显著。颅骨顶面矢状缝较为简单，前囟段为锯齿型，顶段、顶孔段为深波型，后段为微波型。颅骨底面腭部呈U型，腭指数为89.57，属于阔腭型。（见表一）

表一　个体测量表

马丁号	测量项目	英文说明及代号	测量值
1	颅骨最大长	Maximum cranial length (g–op)	174.00
8	颅骨最大宽	Maximum cranial breadth (eu–eu)	146.00
17	颅高	Basi–bregmatic height (b–ba)	135.00
21	耳上颅高	Auricular height (po–po)	117.00
9	最小额宽	Minimum frontal breadth (ft–ft)	89.00
7	枕骨大孔长	Foraman magnum length (ba–o)	34.85
16	枕骨大孔宽	Foraman magnum breadth	30.92
25	颅矢状弧	Cranial sagittal arc (n–o)	354.00
26	额骨矢状弧	Frontal arc (n–b)	102.00
27	顶骨矢状弧	Parietal arc (b–l)	140.00
28	枕骨矢状弧	Occipital arc	112.00
29	额骨矢状弦	Frontal chord (n–b)	95.15
30	顶骨矢状弦	Parietal (b–l)	101.97
31	枕骨矢状弦	Occipital chord (l–o)	87.14
23	颅周长	Cranial Horizontal circumference (g,op)	480.00
24	颅横弧	Cranial Transverse arc (po–b–po)	295.00
5	颅基底长	Basis length (n–enba)	97.00
40	面底长	Profile length (pr–enba)	97.77
48	上面高	Upper facial height (n–pr)	68.52
	上面高	Upper facial height (n–sd)	71.60

续附表一

马丁号	测量项目	英文说明及代号	测量值
47	全面高	Morphological facial height (n–gn)	/
45	面宽	Bizygomatic breadth (zy–zy)	132.00
46	中面宽	Middle facial breadth (zm–zm)	93.24
43（1）	两眶外缘宽	Biorbital breadth (fmo–fmo)	100.80
50	眶间宽	Interorbital breadth (mf–mf)	29.96
MH	颧骨高	Malar (fmo–zm) L	39.63
MH	颧骨高	Malar (fmo–zm) R	41.43
MB′	颧骨宽	Malar breadth (zm–rim.orb.) L	20.10
MB′	颧骨宽	Malar breadth (zm–rim.orb.) R	20.71
54	鼻宽	Nasal breadth	23.58
55	鼻高	Nasal height (n–ns)	50.93
SC	鼻骨最小宽	Simotic chord	8.00
SS	鼻骨最小宽高	Simoticsubtense	3.00
51 L	眶宽	Orbital breadth (mf–ek) L	42.01
51R	眶宽	Orbital breadth (mf–ek) R	43.76
51a L	眶宽	Orbital breadth from dacryon (d–ek)L	38.48
51aR	眶宽	Orbital breadth from dacryon (d–ek)R	40.29
52 L	眶高	Orbital height L	33.02
52R	眶高	Orbital height R	33.98
60	上颌齿槽弓长	Maxillo–alveolar length (pr–alv)	56.22
61	上颌齿槽弓宽	Maxillo–alveolar breadth (ecm–ecm)	64.93
62	腭长	Palatal length (ol–sta)	45.84
63	腭宽	Palatal breadth (enm–enm)	41.06
12	枕骨最大宽	Maximum occipital breadth (ast–ast)	108.00
11	耳点间宽	Interauriculare breadth (au–au)	112.35
44	两眶宽	Biorbital breadth (ec–ec)	101.00
FC	两眶内宽	fmo–fmo	93.50
FS	鼻根点至两眶内宽之高	Nasio–frontal subtence (sub. fmo–n–fmo)	1.45
DC	眶间宽	d–d	18.17
32	额侧角 I	Forehead slope angle (∠ n–m FH)	81.00
72	面角	Total facial angle (∠ n–pr FH)	80.00
73	鼻面角	Nasal profile angle (∠ n–ns FH)	84.00
74	齿槽面角	Alveolar profile angle (∠ ns–pr FH)	59.00
77	鼻颧角	Nasion–frontal angle (∠ fmo–n–fmo FH)	146.00
8：1	颅长宽指数	Cranial index	83.91
17：1	颅长高指数	Cranial length–height index	77.59

续附表一

马丁号	测量项目	英文说明及代号	测量值
17：8	颅宽高指数	Breadth basio-bregmatic	92.47
21：1	颅长耳高指数	Cranial length-aurical height index	67.24
9：8	额宽指数	Fronto-parietal index	60.96
16：7	枕骨大孔指数	Occipital foramen index	88.72
40：5	面突指数	Gnathic index	100.79
48：17 pr	垂直颅面指数	Vertical cranio-facial index	50.76
48：17 sd	垂直颅面指数	Vertical cranio-facial index	53.03
48：45 pr	上面指数（K）	Upper facial index	51.91
48：45 sd	上面指数（K）	Upper facial index	54.24
48：46 pr	中面指数（V）	Middle facial index	73.49
48：46 sd	中面指数（V）	Middle facial index	76.73
54：55	鼻指数	Nasal index	46.30
52：51 L	眶指数Ⅰ	Orbital index Ⅰ	78.60
52：51 R	眶指数Ⅰ	Orbital index Ⅰ	77.65
52：51a L	眶指数Ⅱ	Orbital index Ⅱ	85.81
52：51a R	眶指数Ⅱ	Orbital index Ⅱ	84.34
54：51 L	鼻眶指数Ⅰ	Nasion-orbital index Ⅰ	56.13
54：51 R	鼻眶指数Ⅰ	Nasion-orbital index Ⅰ	53.88
54：51a L	鼻眶指数Ⅱ	Nasion-orbital index Ⅱ	61.28
54：51a R	鼻眶指数Ⅱ	Nasion-orbital index Ⅱ	58.53
SS：SC	鼻根指数	Simotic index	37.50
63：62	腭指数	Palatal index	89.57
45：(1+8)/2	横颅面指数	Breadth mean cranio-facial index	77.36
17：(1+8)/2	高平均指数	Height mean cranio-facial index	84.91

3. 病理描述

（1）龋齿

龋齿是最为常见的齿科疾病，也是已见报道的古代人群牙齿疾病中最多的一种。其发病一般从牙冠开始，如不及时治疗，病变继续发展，会形成龋洞，最终使得牙齿缺失。一般认为，龋病的形成与环境（如食物和水中的微量元素）、病原（致病细菌）、外因（饮食、口腔卫生）和内因（牙齿的形状和结构）等因素有关。[1]本颅骨中，上颌右侧第一臼齿齿冠咬合面、上颌左侧第三臼齿齿冠发现有龋洞，而整个上颌牙齿釉质白而光亮，除臼齿外，磨损较少，并无其他疾病，可见该颅骨主人的饮食条件较为优厚。（图版三三：6）

[1] Charlotte Robertsand Keith Manchester, *The Archaeology of Disease*. Sutton Publishing Ltd. Sutton. 1995.

（2）骨瘤

骨瘤，成骨性良性肿瘤，多发病于青少年时期，一般位于颅面部，生长缓慢，骨质愈合后即停止生长。[1]该颅骨额骨眉间上方有一骨瘤，呈扁圆形骨性隆起，质地坚硬。（图版三三：7）

（3）骨面破坏性损伤

该颅骨额骨及右侧顶骨前段呈现出腐蚀状的破坏性骨面损伤，这种损伤在遗留下来的古代人骨中并不多见，或是由于骨骼的感染所致。由于该类疾病的发病原因和病理特征较为复杂，且在我国古人类标本中留下的痕迹较少，目前仅就该颅骨的损伤特征还无法确定其发病原理。（图版三三：8）

（二）肢骨部分

从四肢骨的整体粗壮程度、骨干的肌线、粗隆以及出土位置等特征判断，该墓葬出土的人骨应分为两组，当属于两个不同的个体，分别编号为个体 1、个体 2。由于保存状况欠佳，多数只剩骨干，而两端缺失严重，其性别年龄无法准确判断，所以目前仅对长骨的残长进行初步的测量和观察。（表二）

表二　肢骨的残长　（长度：毫米）

项目＼个体	个体 1	个体 2
肱骨 L	214	241
肱骨 R	246	—
尺骨 L	198	—
尺骨 R	—	—
桡骨 L	203	—
桡骨 R	143	—
股骨 L	—	440
股骨 R	175	—
胫骨 L	—	343
胫骨 R	—	270
腓骨 L	—	198
腓骨 R	—	205

对两个个体残存的骨骼进行比较，可以发现：个体 1 的长骨较为纤细，骨干的肌线、粗隆不明显，而个体 2 的长骨较为粗壮，骨干的肌线、粗隆等特征显而易见，从形态学的角度看，这可能是由于性别在骨骼上呈现的不同形态所致。

[1] 朱泓：《古病理学讲义》，研究生课程讲义（未刊）。

三 讨论与结论

综合以上的论述可以看出，临安西坟山 M31 的人骨中，保存相对完好的颅骨，其性别为女性，年龄 30~40 岁。而保存状况欠佳的肢骨可分为两组：个体 1、个体 2，其中个体 1 骨骼较为纤细，骨干的肌线、粗隆不明显；个体 2 骨骼粗壮，骨干的肌线、粗隆等特征显而易见。该墓葬出土有墓志，根据该墓志推断，该墓葬为宋代官吏洪起畏及其夫人郎氏的合葬墓，并对郎氏的死亡年龄有明确的记载，“生于嘉定辛巳十月二十八日，殁以宝祐戊午十有一月三日，得年三十有八”[1]，符合颅骨的性别年龄鉴定结果，参照肢骨的出土位置——个体 1 与颅骨同出土于墓葬左室，个体 2 出土于墓葬右室，结合两组骨骼的形态差异，可以推测：个体 1 应为女性，与颅骨同属一个个体，为墓志记载中的郎氏；个体 2 应为男性，为墓志记载中的洪起畏。由此可见，郎氏具有圆颅型、高颅型结合中颅型的颅型，狭额型、中眶型结合狭鼻型的面型，面部垂直方向突出中等、水平方向扁平度偏大的体质特征；生前患有龋齿、骨瘤及颅骨骨面损伤等多种疾病。

[1] 该资料由杭州市文物考古研究所提供。

后 记

本报告根据杭州市文物考古研究所与临安市文物馆2013~2014年西坟山遗址、墓群考古工地的发掘资料整理而成。

整理工作始于2014年7月，至2015年4月完成，由周学斌主持，参与整理的有刘卫鹏、李迎、何国伟、倪亚清、李二鹏、许崇乙、吴瑞肇、骆放放、李蒙蒙、黄李昭。

报告第一章由朱晓东（临安市文物馆）、周学斌执笔撰写，第二、五章由周学斌执笔撰写，第三章由刘卫鹏执笔撰写，周学斌做了修改补充，第四章由倪亚清（临安市文物馆）、周学斌执笔撰写，附录一由李迎执笔撰写，附录二由王伟（海宁市博物馆）、郭怡（浙江大学人文学院文物与博物馆学系）执笔撰写。整个报告最后由周学斌统筹定稿。

图片拍摄由刘卫鹏、周学斌、何国伟完成。遗迹图由倪亚清、李二鹏、许崇乙、吴瑞肇绘制。器物图由倪亚清、李萌萌、黄李昭绘制。书中其他插图由周学斌、李迎绘制。墓志拓片由骆放放完成。器物摄影由何国伟完成，周学斌协助。航拍照片由浙江大学的欧阳盼等人完成。浙江大学谢振发、苏州博物馆程义对墓志释读帮助很大，谢振发还对释文进行了审订。

西坟山遗址、墓群的发掘得到了杭州临安中南置业有限公司、临安市文化广电新闻出版局、临安市锦城街道等单位的大力支持。锦城街道横街村宋炳余书记对工地现场工人的组织管理、发掘现场的安全保护付出了大量精力。

报告整理时正值田野发掘任务较重之时，参与整理的工作人员基本上白天参与田野发掘，晚上回到库房参加整理工作，加班加点，没有节假日。经过数月奋斗，报告终于成型。值此报告付梓之际，谨向为本报告付出艰辛努力的工作人员表示衷心感谢。

书中纰漏之处恳请读者批评指正。

编　者

2015年4月

The Grave of Hong Qiwei and His Wife in Lin'an City

(Abstract)

The Grave of Hong Qiwei and his wife is located at the southern foot of Jiangjun Mountain 300m east to Langbi, Hengjie Village, Jincheng Subdistrict, Lin'an City. With its back against the Jiangjun Mountain and facing the open river valley of Nantiaoxi Creek, it has a superior geographical location.

The grave is oriented towards southwest, the direction of which is 210 °. The size of the grave is considerably large. With 60m long and 52m wide, it covers an area of about $300m^2$. It has a complex structure composed by five parts including surrounding walls, grave mound, building in front of the grave, burial chamber, and drainage ditches, which are closely fitted together and become one integrated mass.

The surrounding walls are located on both sides of the grave mound, encircling the grave mound, the buildings in front of the grave, the gravel walls, and the burial chamber from both the left and right sides.

The grave mound is elongated oval in plane, about 40m long and 30m wide. It is manually rammed step by step, the central part of which protrudes and the peripheral part slowly declines. The top of the mound is about 5.8m high.

The building in front of the grave is located in front of the mound, composed by three parts including passage, terrace and altar, as well as ditch, which are all paved by gravel, 14.1m long and 26.1m wide.

The passage is at the middle and right front part of the building, L-shaped. It is 13.8m wide and 13.9m long. The surface and the edges are paved respectively with small gravel, and the former is flat and level.

The terrace and the altar are in front of the burial chamber, and at the left side of the building. The plane shape of the terrace is near rectangle, being 6.3m long and 9.1-9.8m wide. The altar is located at the rear part of the terrace, about 7-20cm higher than the surrounding terrace. The plane shape of the altar is near rectangle as well, with 5.3m long and about 6.5m wide. Both the surface of the terrace and the altar are densely tiled with small gravel, while the four sides are stacked densely by a row of larger gravel.

The drainage ditches are distributed on the left, front, right and right rear sides of the building, embracing the building by and large and paved by gravel too. It can be divided into two as the outer one and the inner one. The plane shape of the outer one is near S-shape. With the rear part being higher and the front lower, the total height difference reaches 1.5m. The plane shape of the inner one is L-shape, and the total height difference reaches 1.6m with the rear part being higher and the front lower as well.

The burial chamber is solid and tight, made up of three parts including gravel wall, ear chamber and main chamber, and originally covered by the mound.

The gravel walls are located at the front of the burial chamber, with its front part joining with the altar, the rear with the sealing door of the chamber, and the left and right rear corners respectively integrating into the left and right ear chambers. The longitudinal and transversal walls respectively form two relatively sealed rooms on the left and right sides, using the sealing door as a back wall. In each of them there is a memorial tablet. The walls are made of large pieces of gravel, and gradually become thinner from the bottom to the top.

The left and the right ear chambers are located at the front sides of the stone sealing door. The plane shapes of both are near square. They are single-vaulting rooms constructed with gray bricks, the floor of which basically flush with the front floor of the main chamber. The left ear chamber is 1.5m long, 1.3m wide and 0.98m high. The right ear chamber is 1.34m long, 1.34-1.38m wide, and 0.8-0.83m high.

The main chamber consists of two separate rectangular rooms. The entire plane shape is rectangle, 4.4m long, 4.56m wide and 2.38m high. The plane shapes of the left and the right rooms are both rectangle. The left one is 4.44m long and 2.2m high in total, while 3.4m long, 1.04m wide and 1.24m high inside. The right one is 4.44m long and 2.2m high in total, while 3.4m long, 1.1m wide and 1.24m high inside.

There are two sealing walls, the inner one and the outer one. The outer one is made to connect the two rooms, which is built outside of the chamber wall. It has a width of 5.08m, a depth of 0.3-1.32m, and a height of 2.2m. The inner one is built inside the chamber wall.

There are also two vaults. The outer vault is shared by the two rooms, while the inner one is tiled separately.

Except that the outer sealing wall is built with slabs of stone and gray bricks, the vault and the two rooms are all made up of gray bricks, with the joints between the bricks filled with lime thick or thin.

In the central and front part of the left room there are remains of coffin and coat of paint. After clearing and anatomy, we can ascertain that there is one set of two coffins one inside another in a whole. The outer one, painted reddish-brown, occupies most of the space in the room, while the inner one is painted vermilion.

In the soil near the ground of the right room a large amount of coffin remains and red coat of paint are also found, but they pile together after decayed, thus making it difficult to discern the shape of the coffin.

Drainage ditches are distributed at the main chamber, the building in front of the grave and the bottom of the transversal part of the left surrounding wall, which extend forward meanderingly out of the left surrounding wall. The rear part of the plane shape is rectangle, while the front is Z-shaped. They are all tiled with gray bricks, and silted up inside with black soil.

Known from the epigraphs, this is the grave of Hong Qiwei, who once was the magistrate of Zhenjiang in Southern Song Dynasty, as well as his wife. The right room belongs to Hong Qiwei and the left one to his wife Langshi.

The layout of the grave is unique, which is extremely rich in local characteristics, thus providing valuable material to the study of burials in Jiangsu and Zhejiang areas of Song and Yuan Dynasties.

The epigraphs of Hong Qiwei and his wife unearthed from the grave have abundant content, especially for that in the one of Hong Qiwei it recorded important historical figures like Wu Qian, Jia Sidao and Wu Jian in the late Southern Song Dynasty as well as significant historical events like the Dingjiazhou Battle between Song and Yuan, and Zheng Huchen "kill the master on the road", which are important evidences for the research of the history in the late Southern Song Dynasty.

Note: The original abstract is written in Chinese by Xuebin Zhou 周学斌 from Hangzhou Municipal Institute of Cultural Relics and Archaeology 杭州市文物考古研究所 , translated into English by Yin Wang 王音 from School of Archaeology and Museology, Peking University 北京大学考古文博学院 , and revised by Nan Cao 曹楠 from the Institute of Archaeology, Chinese Academy of Social Sciences 中国社会科学院考古研究所 .

图版

1. 洪起畏夫妇合葬墓的地理环境

2. 施工现场遭破坏的古墓葬（北—南）

图版一　西坟山墓地地理环境及发现时状况

1. 洪起畏夫妇合葬墓发掘前全景（南—北）

2. 洪起畏夫妇合葬墓前部（北—南）

图版二　洪起畏夫妇合葬墓环境

图版三　洪起畏夫妇合葬墓全景

解剖沟
解剖沟
解剖沟

图版四　洪起畏夫妇合葬墓左抱手堆积剖面

1. 封土剖面（西南—东北）

2. 封土层间炭灰（东南—西北）

图版五　洪起畏夫妇合葬墓封土剖面及夹炭层

1. 墓室右侧封土侧视（西北—东南）

2. 墓顶夯筑的封土（东南—西北）

图版六　洪起畏夫妇合葬墓封土

图版七　洪起畏夫妇合葬墓通道

1. 通道局部（西北—东南）

2. 通道局部（西南—东北）

图版八　洪起畏夫妇合葬墓通道

1. 地坪与拜坛（西南—东北）

2. 外水渠（西北—东南）

图版九　洪起畏夫妇合葬墓地坪与拜坛、外水渠

1. 外水渠第一段（西南—东北）

2. 外水渠第二段（西北—东南）

3. 外水渠第三段（东南—西北）

4. 外水渠第四段（西南—东北）

图版一〇　洪起畏夫妇合葬墓外水渠

1. 内水渠第一段（西北—东南）

2. 内水渠第二段（西南—东北）

图版一一　洪起畏夫妇合葬墓内水渠

1. 主室及耳室（西南—东北）

2. 砾石垣墙及墓志（西南—东北）

图版一二　洪起畏夫妇合葬墓墓室及砺石垣墙

1. 左室垣墙及覆盖在墓志上的砾石层（东北—西南）

2. 左室垣墙内墓志（东南—西北）

图版一三　洪起畏夫妇合葬墓左室垣墙及墓志

图版一四　洪起畏夫妇合葬墓右室垣墙及墓志

1. 左耳室发掘前（西北—东南）

2. 左耳室发掘后（东南—西北）

图版一五　洪起畏夫妇合葬墓左耳室

1. 右耳室发掘前（东南—西北）

2. 右耳室发掘后（东南—西北）

图版一六　洪起畏夫妇合葬墓右耳室

1. 主封门（西南—东北）

2. 主券顶局部（西南—东北)

图版一七　洪起畏夫妇合葬墓主封门及主券顶

1. 左室前壁（东北—西南）

2. 左室内壁红彩（西南—东北）

3. 左室券顶（东北—西南）

4. 左室地面石灰条带（东北—西南）

图版一八　洪起畏夫妇合葬墓左室

1. 左室前部盗洞（东南—西北）

2. 左室后部盗洞（西南—东北）

3. 左室左壁盗洞（西北—东南）

4. 左室右壁盗洞（东南—西北）

图版一九　洪起畏夫妇合葬墓左室盗洞

1. 右室（西南—东北）

2. 红漆棺板

图版二〇　洪起畏夫妇合葬墓右室

1. 右室前部盗洞（西南—东北）

2. 右室右壁前部盗洞（东南—西北）

3. 右室右壁后部盗洞（南—北)

4. 右室左壁盗洞（西—东）

图版二一　洪起畏夫妇合葬墓右室盗洞

1. 右室墓底左侧排水道（东北—西南）

2. 排水道矩形部分（东北—西南）

图版二二　洪起畏夫妇合葬墓排水道

图版二三　洪起畏夫妇合葬墓排水道（西南—东北）

1. “熙宁元宝”铜钱

2. “太平通宝”铜钱

3. “咸平元宝”铜钱

4. “明道元宝”铜钱

5. “皇宋通宝”铜钱

6. “治平元宝”铜钱

7. “熙宁元宝”铜钱

8. “元丰通宝”铜钱

图版二四　洪起畏夫妇合葬墓出土铜钱

1.“元祐通宝”铜钱

2.“开元通宝”铜钱

3.“开元通宝”铜钱

4.“绍定通宝”铜钱

5.“熙宁元宝”铜钱

6.“开元通宝”、“圣宋元宝”等铜钱一串

7.“开元通宝”字样

8.“圣宋元宝”字样

图版二五　洪起畏夫妇合葬墓出土铜钱

1. M2清理前（北—南）

2. M2清理后（西—东）

图版二六　M2清理前后

1. M2墓室顶部（东—西）

2. M2 左室墓底（西—东）

图版二七　M2墓室顶部及左室地面

1. M25（东南—西北）

2. 素瓷盖罐（M25：1）

3. 方砖（M25：3）

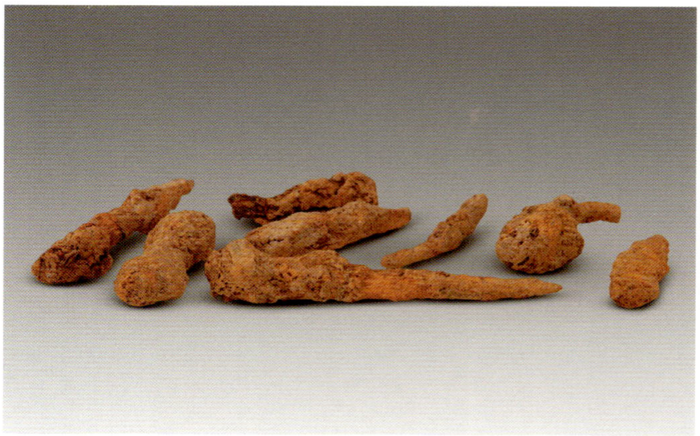

4. 铁棺钉（M25采集）

图版二八　M25及其出土器物

1. 青釉瓷炉（M25：2）

2. 青釉瓷碗（M25：8）

3. 青釉瓷碗（M25：9）

4. 褐釉瓷罐（M27：1）

5. 黑釉瓷盏（M27：2）

6. 青釉瓷碗（M27：3）

图版二九　M25及M27出土器物

1. M27 清理前墓顶（北—南）

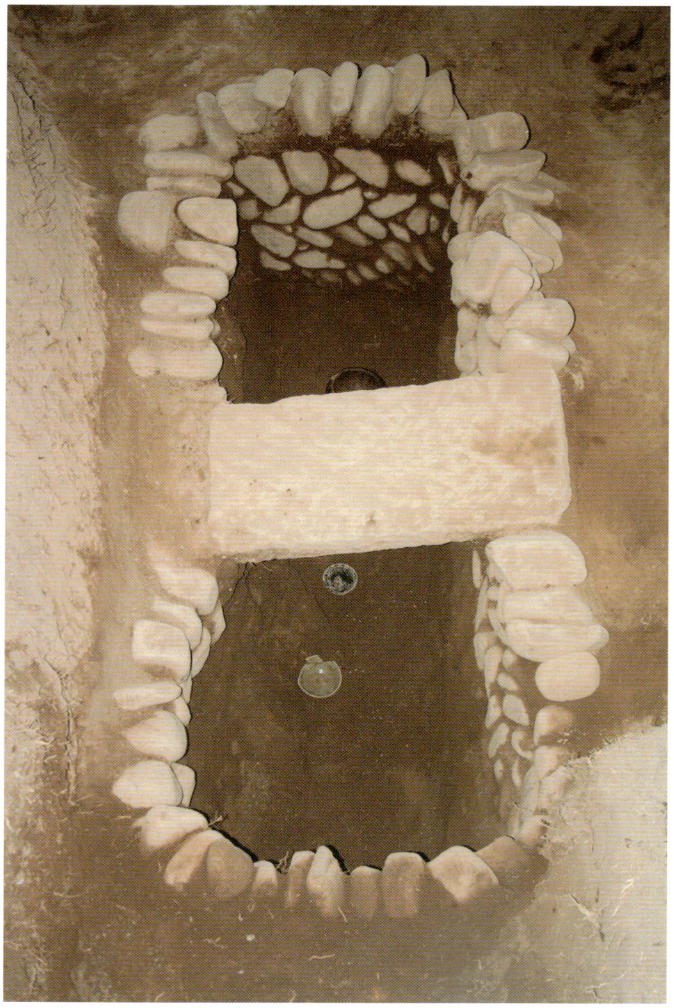

2. M27（南—北）

图版三〇　M27清理前后

1. M42（西南—东北）

2. M42（东北—西南）

图版三一　M42

1. M42墓室（东北—西南）

2. M42 排水道（西南—东北）

3. “政和通宝”铜钱（M42：1）

图版三二　M42及其出土器物

1. 正视图

2. 侧视图

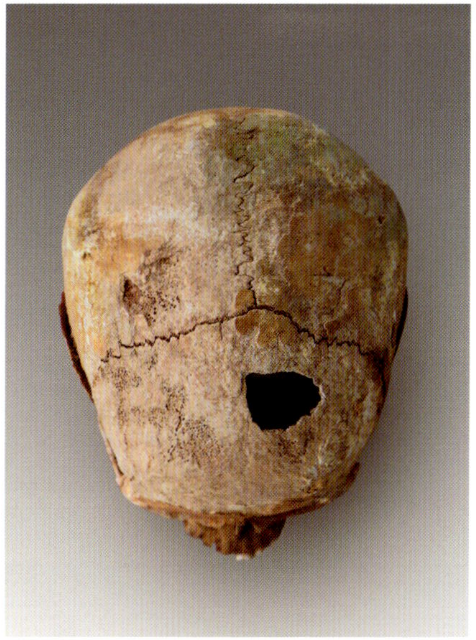

3. 顶视图

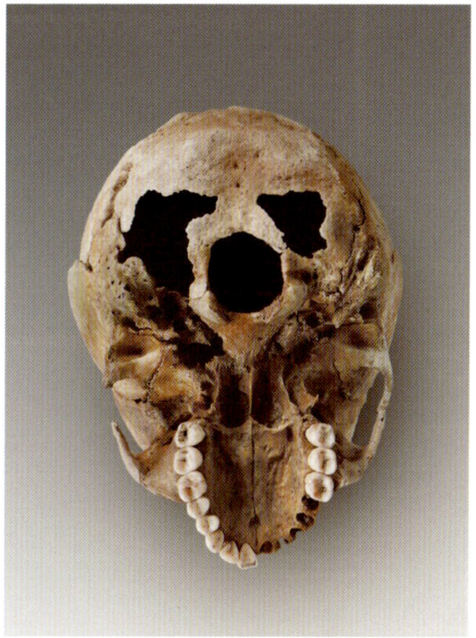

4. 底视图

5. 后视图

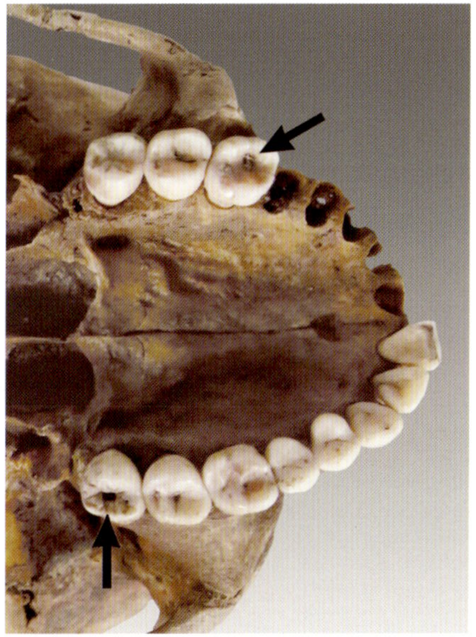

6. 龋齿

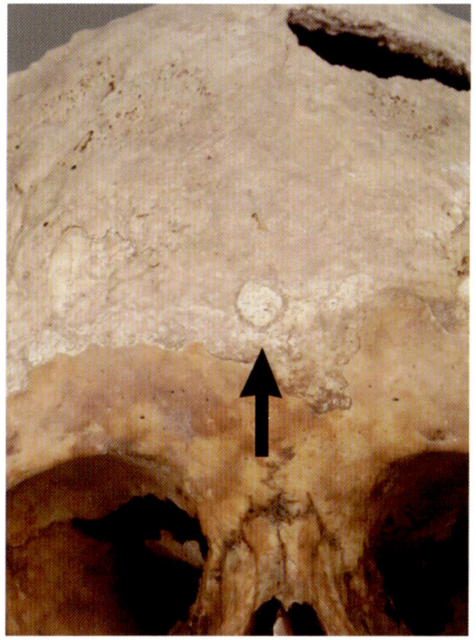

7. 骨瘤

8. 骨面损伤

图版三三　头骨特征及人骨病理